2013年江苏省高等教育教改研究重中之重课题（合作方：外语教学与研究出版社）“数字化环境下的高校英语资源建设与教学模式的协同创新研究”（2013JSJG455）及2014年江苏省社科应用研究精品工程外语类课题“以专业或兴趣为导向的大学英语教学模式研究”（14jsyw-32）

中国大学英语教师角色的历史嬗变：问题与对策

龚晓斌◎著

苏州大学出版社
Soochow University Press

图书在版编目(CIP)数据

中国大学英语教师角色的历史嬗变:问题与对策/龚晓斌著. — 苏州:苏州大学出版社, 2014. 11
ISBN 978-7-5672-1122-3

Ⅰ. ①中… Ⅱ. ①龚… Ⅲ. ①高等学校-英语-教师-师资培养-研究 Ⅳ. ①G645. 1

中国版本图书馆 CIP 数据核字(2014)第 254186 号

书　　名: 中国大学英语教师角色的历史嬗变:问题与对策

作　　者: 龚晓斌
责任编辑: 杨　华
封面设计: 刘　俊

出版发行: 苏州大学出版社(Soochow University Press)
社　　址: 苏州市十梓街 1 号　邮编: 215006
印　　装: 苏州工业园区美柯乐制版印务有限责任公司
网　　址: http://www. sudapress. com
E - mail: yanghua@ suda. edu. cn
邮购热线: 0512-67480030
销售热线: 0512-65225020

开　　本: 890mm × 1240mm　1/32　印张: 6. 25　字数: 168 千
版　　次: 2014 年 11 月第 1 版
印　　次: 2014 年 11 月第 1 次印刷
书　　号: ISBN 978-7-5672-1122-3
定　　价: 25. 00 元

凡购本社图书发现印装错误,请与本社联系调换。服务热线:0512-65225020

谨以此书献给

大学英语教学改革10周年

（2004—2014）

To Cowell and Emerson

Much dreaming since the tower blurs away,
The minds so wonder when to pitch alight.
Transclimbing hills on hills you come to pray,
To find your dreams and fancies have been tight.

Oh sighs and sighs from chalks impair the lost,
And your sweet voice no longer keeps its life.
Refreshing air beyond belittles the cost,
And learning moments help renew your knife.

Oh tongues and eyes assort from class to field,
Immersed with Audrey, Scarlet, John and Liz.
The Davis sunshine pierces with skin as shield,
The Jiangnan group surmounts the hills of quiz.

To dream in golden shine is false on ground,
And miles to go before you sleep with sound.

注:此诗为江南大学大学英语教师2014年暑假赴UC Davis培训后作。Cowell和Emerson分别为UC Davis的教学楼和公寓名;Audrey, Scarlet, John和Liz是UC Davis的四位培训教师。在此特别感谢江南大学大学英语教师海外培训计划(2014—2016)的大力支持。

目录

第一章

导　论

从2004年开始的大学英语教学改革在教学大纲、课程要求、课程设置、教学方法、教学手段、教学内容、学习环境、测试体系、教材建设等方面进行了一系列范围广泛而影响深远的改革和创新，充分体现了以学生为中心、以学生为主体的教学理念，受到广大学生的普遍欢迎，学生的学习成效显著提高，语言实际应用能力得到显著加强，改革成果受到社会及用人单位的广泛称赞。大学英语也成为各个高校重点关注的核心公共课程，学校的投入逐年增多，硬件设备越来越现代化，学习环境越来越个性化，大学英语课程呈现欣欣向荣的发展趋势。

但是，在轰轰烈烈的大学英语教学改革进程中，有一个庞大的群体正在承受越来越大的压力，他们中的大部分人投入比以前多，负担比以前重，成就感比以前少，职业危机比以前大，倦怠心理比以前普遍，这种状态已经严重影响了大学英语教学改革的进一步推进和深化。这个庞大的群体就是：大学英语教师。

第一节 研究对象

广义上的大学英语教师，指的是大学里的英语教师，包括英语专业的英语教师、公共英语教师、其他专业的双语教师、专业英语教师及外籍教师。次广义上的大学英语教师指的是所有承担“大学英语”这门公共基础课的英语教师，这其中可能包括一部分承担大学英语教学任务的英语专业的教师。狭义上的大学英语教师仅指专门从事大学英语教学任务的英语教师。本书的研究对象主要是狭义上的大学英语教师。

首先要关注的是大学英语教师行政归属的问题。有的高校，大学外语部是独立于外国语学院的行政单位，教师的归属非常清晰，大学英语这门课全部由大学外语部的教师承担。有的高校，大学外语部隶属于外国语学院，但是大学外语部与外国语学院的其他教学单位（如英语系、日语系等）完全分割，其关系就如同独立存在的大学外语部和外国语学院一样。还有少数高校将大学英语教师分派到各个专业学院，承担所在学院的大学英语教学工作，这些教师的归属就如同以前很多高校设置的基础教学部。从这个角度看，大学英语教师的身份缺乏统一规划,完全取决于所在高校的重视程度,这也在一定程度上反映了大学英语教师职业发展的尴尬局面,这种尴尬进而体现在大学英语教师角色的不间断转换之中。

第二节 研究背景

如火如荼的大学英语教学改革十余年的进程,让人们看到国家、社会和家长对于教育国际化的期盼。在这个进程中,一系列的焦点问题进入人们的视野:主观需求重要还是客观需求重要?读写领先还是听说领先?计算机辅助学习的效果如何?英语学习到底是人机对话还是人际对话?自主学习的机制是否完善?泛在学习理念在中国是否可行?大学英语四、六级考试需不需要改革?如何改?或者干脆需不需要?费时低效是否存在?后续课程是为了改而改还是确有必要?在讨论课程、讨论学分、讨论课时、讨论学生、讨论考试时,这些都成了大学英语教学改革中的"前景化"特征,而大学英语教师则是背景,这个背景不是一成不变的,而是围绕着课程、围绕着学生、围绕着学习方式不停转换的背景。大学英语教学改革在"螺旋式"上升,而大学英语教师则如同"陀螺",不停地被驱动,在有限的区间内平面式地滚动,偶尔瞬间跳离地面,然后又重重地落到地面,马不停蹄地继续"苦行僧"的工作。换句话说,大学英语教学改革取得的每个节点的“螺旋式”上升都离不开这些“陀螺”。用英国前首相温斯顿·丘吉尔的话说，这些大学英语教师奉献的是“热血、辛劳、汗水与眼泪”(blood, toil, sweat and tears)。与本校其他课程的教师相比，大学英语教师的课时最多(少的10节课/周，多的18—20节课/周)，作业最多(批改量少的135本/次，以3个班、每班45人为例；批改量多的200本/次，以4个班、每班50人为例；每周只教3个班、每班只有45或50人对很多学校的大学英语教师来说是很令人羡慕的一件事)，职称最低(几乎在所有学科中，大学英语教师的高级职称比例是最低的，因此在学科评估中，有的英语学科干脆将大学英语教师排除在外，就如同有的中学不允许成绩差的高三学生参加高考一样)，转岗压力最大(有的高校，如北京大学、清华大学、浙江大学等，已经实行了转岗政策，一定年限内未晋升高级职称的讲师只能离开教师岗位，其中大学英语教师所占的比例无疑是最高的)。长此以往，这些大学英语教师的积极性必将受到严重影响，对职业的恐惧感也会越来越强。毫无疑问，这将会极大阻碍大学英语教学改革的进一步推进和深化，因此有必要对这一做出特殊贡献的群体给予充分的重视。大学英语教学改革的可持续性不仅是教育主管部门的梦、各个高校的梦、广大学生的梦，也应该是所有大学英语教师的梦。将大学英语教师的个人梦与大学英语教学改革的最终梦想融合起来的梦才是大学英语教师最为看重的。

第三节 研究意义

自1999年我国高等教育实行扩招以来,随着学习大学英语课程的高校学生人数的剧增,大学英语教师的人数如今已经达到6万人左右。(张晶,2010:53)这是一个相对保守的数字。根据教育部网站(http://www.moe.gov.cn/publicfiles/business/htmlfiles/moe/)上公布的统计数据,中国内地本科高校共有1129所,其中独立学院309所,也就是说公办本科高校有820所。按照每个高校有60—80名大学英语教师计算,公办本科高校的大学英语教师数就达到了49200—65600人。独立学院的大学英语教师没有计入进去,这是因为绝大部分独立学院的大学英语教师都是由原先的母体高校支援的(当然,部分独立学院也有一些单独招聘的大学英语教师)。除了公办本科高校及独立学院外,还有近1280所高职(专科)院校,按照每校30名大学英语教师计算,也有4万名左右。所以,粗略地计算一下,中国内地的大学英语教师有10万左右。大学英语教师人数在计算机辅助学习全面推开前夕达到了最高峰。

虽然最近几年分级教学、学分缩减、课时压缩、计算机辅助教学等导致了大学英语教师需求量的减少,但是现存10万规模的大学英语教师的职业发展及今后大学英语教师队伍的规划是各级高等教育主管部门和所在高校必须面对的现实问题。在高等教育快速发展的今天,我们要正视过去的老问题,也要迎接未来的新挑战,有破有立,才能实现大学英语教学改革的健康发展。在相当多的高校,大学英语一门课程所占的学分和课时相当于总学分和总课时的1/10,大学英语教师的数量也是相应的1/10。就一门课而言,这是庞大的。其实,大学英语一级至六级的基础课程,再加上现在的大学英语拓展课程,大学英语已经成为一个远远不同于大学数学、大学语文等其他单一型公共基础课的融合性课程体系。任何一个高校都必须重新审视这个"1/10"。

大学英语教师在大学英语改革潮流中,"有的被潮流推着走,有的被潮流吞没,还有的在潮流面前不知所措。在未来的十年,占很大比例的中青年外语教师会成为国家可持续的教育改革创新的动力还是阻力,已经摆在研讨的首要地位"(夏纪梅,2012:7)。

哲学里最难回答的问题就是:"我是谁?"大学英语教学改革中最难回答的问题也是关于大学英语教师角色的问题,他们也在问"我们是谁?""我们的路在何方?"教师的使命是"传道、授业、解惑",如果我们不能帮助大学英语教师"解"他们自己的"惑",那么也就无法期待他们去"解"每年近700万大学生的大学英语之"惑"。大学英语教师在教学一线全身心地研究听、说、读、写、译及EGE、ESP等课程的教学,大学英语教学改革的主导者和管理者应该做好后勤保障研究,解除他们的后顾之忧,这样大学英语教学改革才能真正地实现"又好又快"的良性发展。

第四节 研究目标

本研究的目标主要包括：重新审视大学英语教学改革中的“双主”地位；重新厘清中国式二重并列结构“教学”的深层含义；勾勒中国大学英语教师角色转变的历史嬗变图，正视大学英语教师面临的巨大挑战；提出新时期大学英语教师角色转型的路线图；扩大大学英语教师的外延，强化培养、引进与融合；建议大学英语教师在引进、评价、晋升、进修等方面的科学发展保障措施。

图 1-1　校园一角

第二章

中国大学英语教学改革的主体

大学英语教学改革中的主体有四个:教育主管部门、教学管理部门、学生、教师。主体作用的发挥直接影响大学英语教学改革的成效。

第一节　中国大学英语教学改革的主体：教育主管部门

大学英语教学改革可以说自始至终都是一种自上而下的改革。教育部高教司及大学外语教学指导委员会从各个版本的大学英语教学大纲、课程要求的制订，到大学英语四、六级考试的普及和修正，到计算机辅助教学的要求和推广，再到EGE、ESP等拓展课程的大力推介，投入了大量的财力和精力，营造了其他任何课程所不具备的改革氛围。大学英语教学改革已经成为社会的普遍共识，也自然成了一种责任，“改革是对国家和民族的责任，对子孙后代的责任”(张尧学，2008:4)。

陈先达(2013:18)在谈及高校马克思主义理论教员的作用时曾经大声疾呼：“作为高校教员，一个优秀的马克思主义理论教员的责任和贡献，绝不逊于任何专业学科的教员。我们的教学不限于某一个学科而是全体学生，我们在讲台上宣传什么，可以影响学生的一生。我们承担的是在世界观、人生观和价值观方面为中国特色社会主义建设培养合格人才的重要责任和工作。这个工作不重要吗？请回答我：对培养合格的德才兼备的学生而言，它比哪门课程不更重要?!”同理，大学英语教学也不限于某一个学科,而是面向除了英语专业之外的所有专业的高校学生。大学英语教师在这门课上讲的内容,学生们在课上学到的东西,将对所在高校的国际化进程及这些学生今后的国际化取向产生重大的影响。我们也不妨大胆地呐喊一声:“对培养高素质的国际化人才而言,大学英语比哪门课程不更重要?!”大学英语这门课的重要性,引起了上至国家领导人、教育部部长,下至普通平民百姓的广泛关注。甚至在每年的全国人民代表会议上,大学英语教学改革都已成为代表们关注的重要议题之一。就高校而言,在上千门课程中,大学英语课和思想政治课是最吸引眼球的两门公共基础课。

可以说,没有教育主管部门的大力推动和支持,大学英语教学改革的步伐不会这么快,成绩不会这么显著,进一步推进和深化改革的前景也不会那么光明。

第二节 中国大学英语教学改革的主体:教学管理部门

有了教育主管部门的指导思想和配套文件,各个高校给予了大学英语教学改革前所未有的关注。各个高校的教学管理部门(主要是教务处)在大学英语教学改革方案制订、学分比例协调、课程设置、考试方式、教材编写、教改项目立项、教学成果评定等各个方面做了扎实而细致的工作。可以说,这10年来是高校教学管理部门与外国语学院或大学外语教学部关系最为紧密的10年,大学外语这门课程的每个改革措施都牵动着教学管理部门的神经。在很多高校,大学英语课程已成为学校的校管课程,大学英语的地位达到了前所未有的高度。在有些高校,甚至出现了这样的说法:外语学院(含大外部)或英语学院之所以能够存在,就是因为有大学外语部的存在(当然,这里不详尽叙述屡受红牌警告的英语专业的尴尬局面)。这样的说法虽然有点偏颇或偏激,但大学英语在学校领导层受到的重视层度也由此可见一斑。

图2-1　图络自主式语音室

除了政策支持之外,教学管理部门还在硬件投入方面花足了力气。各个高校根据自己的情况,除了争取中央级科学事业单位修缮购置专项资金(简称"中央修购资金")、省级修缮购置专项资金外,还多渠道筹集资金,建造大规模的实验室和语言学习中心,这些实验室和语言学习中心少的有上百个机位,多的则有上千个机位;投入也少则上百万元,多则上千万元。此外,随着互联网技术的快速发展,学校也大量投入,营造无线学习环境,打造泛在学习平台。一些教育部大学英语教学改革示范点全新理念的硬件设备吸引了大批同行前去参观学习。

当然,由于各个高校的情况不同,教学管理部门与外国语学院或大学外语部在某些政策的理解和执行上并不总是保持一致,有时也会出现矛盾和冲突的地方,但是在改革的总体框架和思路上,各个高校通过 10 多年的改革,基本上已经取得了共识,思路也比较明晰,进一步推进和深化大学英语教学改革的前景更加令人乐观。

总之,没有高校教学管理部门的大力支持,这个学校的大学英语教学改革是无法进行的,即使开始了,也不会太持久。

第三节 中国大学英语教学改革的主体:学生

国家的宏观政策及学校的配套措施给大学英语教学改革提供了外部环境,但是改革的成果需要通过人来检验,这就是跨越“80 后”和“90 后”的极具个性的当代大学生。越来越多的教师反映,现在的学生不好教、不好管理。这里面有两个基本的原因。首先,学生进校的英语水平似乎比以前有提高,但在基本技能的实际应用上还是见效不大,各个地区的高考政策不一,也导致了学生英语技能的不均衡发展。其次,学生的课堂表现达不到教师的期望值,参与度不够,热情也不高,课外自主学习的动机不强,自主学习的效果差强人意。

的确如此，大学英语教学改革的核心思想就是以学生为中心，再好的外因如果没有内因的积极作用，也只能是花架子，是一种为了改而改的形式改革。但幸运的是，教师看待学生的视角不一定是全角的。学生只是没有按照教师的惯性思维进行理想中的“配合”，他们按照自己的节奏在一步步向前走。事实上，学生进入高校后，很多的精力仍然放在大学英语的学习上，他们的目的不一：课程考试取得好成绩，可以获得奖学金或保研的资格；通过大学英语四、六级考试及其他各类外语类证书考试，可以找到更好的工作；通过国际性英语类考试，如托福、雅思、GRE 等，以期获得更好的留学机会或参加更好的国际交流项目；等等。

我们经常会发现这样一个现象：学生在英语课堂上做其他的事，但是在很多其他课堂上看英语。这或许令人深思：大学英语课堂里发生了什么？我们的课堂为什么吸引不了学生的注意力？学生们到底需要的是什么？虽然对于学生的研究不是本书的重点，但是这些客观存在的问题必须引起我们足够的重视。任何一门课堂教学，都要去做学生的需求分析。兵家讲“知己知彼，百战不殆”，大学英语教学也不应该是“鸵鸟式”的，而应该迎难而上，满足学生日益丰富的个性化学习需求。这就很自然地涉及大学英语教学改革中的另一个关键主体：大学英语教师。

第四节 中国大学英语教学改革的主体:教师

中国近现代教育家陈鹤琴的名言“没有教不会的学生,只有教不好的老师”曾被誉为教育界的真理,不仅所有的家长信、学生信,甚至一部分教师也是盲目地信仰,最后导致不管三七二十一,只要学生学不好,那肯定是教师没教好,把所有的责任全部推给了教师,而学生则卸掉了所有的担子。如果家长和学生这么讲究逻辑,则到关键时刻(升学、出国等),高校就会出现“学闹”。这如同“医闹”一样,只要病人最终没医好,就把责任一股脑儿地推给医生和护士(其实事实如何,有的患者家属也是心里有数的)。

我们要认识到,孔夫子弟子三千,贤人仅七十二人而已。就大学英语教学而言,学生学习的最终效果要受到很多因素的制约:所在省份的中学英语教学及高考政策、所在学院或班级或寝室的学风、所在专业就业的英语需求、对于考研或出国深造的渴望度等。归根究底,学生是内因。

但是这样说,并不是把所有的责任都放在学生身上,教师的作用也至关重要。教师在课堂和课后提供的输入对学生的输出影响巨大。如果都是依靠学生的自主学习,那还要教师干什么?

那么,大学英语教师在课堂上的表现如何?不可否认,大部分教师能够兢兢业业地备课,充实授课内容,教学效果优秀,受到学生们的普遍好评。但是,也有部分教师年复一年地重复同样的内容,教材不变,教案不变,课件不变,作业不变,课堂教学索然无味,这些教师仅把教学当成了一种职业。这种职业惯性导致教师对职业技能的认知也越来越淡化,大学英语教学中的听、说、读、写、译五项技能也需要教师与时俱进地去学习、去提高,但是现实状况令人担忧。一部分教师离开了教案、离开了课件就不会上课了,甚至有人怀疑这些教师的英语技能是否已经落后于所教班级的部分学生。我们不能完全否认这种怀疑,因为在某个高校就曾发生过这样一件事:教师觉得某位学生的英语口语很好(或许其他技能也很好),超过了自己,就动员这个学生不用来上课,只要最后参加考试就行了。我们暂且不评价这样做是否符合课程管理要求,但是我们感受到了这个教师的心虚甚至恐惧。

除了英语技能外,现在有一种趋势,提倡依托内容(content-based)教学,鼓励批判性思维,致力研究型学习。但关键问题在于,如果教师本人都是嘴尖皮厚腹中空,单纯地采用"拿来主义",怎么会有批判性思维?没有研究型教学,怎会有研究型学习?(关于教与学的关系下面会涉及)就拿依托内容教学而言,大学英语教师如果不与时俱进,20 年前甚至 10 年前的知识已经远远满足不了现在的"80 后"和"90 后"的需求,在很多情况下长江后浪不是推前浪的问题,而是超越前浪,前浪不是趴在沙滩上了,而是溺水身亡。看看江苏卫视《一站到底》(答题式)这个节目,大学英语教师就知道依托内容教学所隐含的巨大挑战了。此外,我们现在处于大数据时代,"大数据信息四通八达,学生获取英语学习资源轻而易举,教师拥有资源的权威性受到挑战"(陈金平,2014:36)。这些挑战也正是 EGE、ESP 等课程给大学英语教师带来的挑战。

再比如技术问题。20 年前毕业的大学英语教师可能连电脑都没碰过,甚至没见过,现在大学英语教学改革中则要求计算机辅助学习,我们的教师如果不去学习新技术,还是照本宣科,实行平面教学,那对于所教班级而言也是一种教育资源不公平,横向一比较,这些教师就会感到一种无形的压力。特别是一些中老年教师,赶着鸭子上架,非不为也,乃不能也。从早期的邮件互动,到课程平台互动,到博客、微博、微信,再到云技术、小颗粒检索等,追风已很吃力,毕竟过了追风的年纪。但是,教育主管部门的刚性要求、学生的嗷嗷待哺也是现实的问题(尽管有时候很迷茫)。在教师的现实状况与客观的现实要求之间如何达成平衡,如何做些妥协,已成亟待解决的问题。

图 2-2　同声传译室

总而言之，大学英语教师现阶段挑战很多，职业生涯遇到了前所未有的压力。语言技能能否全面发展？技能全才型是不是每个大学英语教师奋斗的目标？如果听、说、读、写、译的技能已经落伍而且没有发展的空间怎么办？基本技能很好，但是知识性课程缺乏专业训练和素养，是否需要培养？能不能培养？信息技术背景下教师如何快速转型？能不能转型？所有这些问题都需要教育主管部门和高校领导层认真思考，找到一条切实可行的解决之道，以保证大学英语教学改革的健康可持续发展。

第五节　“教学”二重并列结构的再思考

中国的语言文字形式丰富，意义变化多端，其中的二重并列结构就是一个典型的例子。并列结构中词语的顺序发生变化不会改变语法关系。一般来讲，并列结构中词语表达的语义关系也是平行并列的，甚至有的学者认为：“并列结构是指两个或两个以上的结构成分平等并列地组合在一起，彼此之间没有轻重、主次、正副之分。”（张凌，2006：146）

但是这样的判断不一定很准确。“又红又专”与“又专又红”是不一样的，“又快又好”和“又好又快”也是不一样的。由此可见，二重并列结构内部顺序并不总是随意或者约定俗成的。除了约定俗成的内部顺序外,二重并列结构的内部顺序和其他类型的并列结构一样,通常分为两种情形:一是语义层面,表示大、好、尊、重要等概念的成分放在前,而表示小、坏、卑、次要等概念的成分则放在后面,如“大小”、“好坏”、“主次”、“长幼”、“君臣”、“父子”、“师生”、“爷爷奶奶”、“外公外婆”、“爸爸妈妈”、“叔叔婶婶”、“哥哥姐姐”、“弟弟妹妹”(后面9例反映了中国社会中尊卑的文化传统)、“姑姑姑父”、“姐姐姐夫”、“女儿女婿”(这三者反映了中国社会中亲疏远近的文化传统)。二是语音层面,“当两个单音节词(或两个多音节词的后一音节)各自的声调一为平声一为仄声时,以前平后仄为常,如两者同为平声或仄声,但有阴平与阳平、上声与去声之分时,则以前阴、上,后阳、去比较多见”(周荐,1986:87)。很多二重并列结构的内部顺序在语义和语音两个层面上相互吻合,如上面的“好坏”、“主次”、“长幼”、“君臣”、“爷爷奶奶”、“外公外婆”、“叔叔婶婶”、“哥哥姐姐”。如果语义原则和语音原则发生矛盾,周荐(1986:87)认为:“多数情况下,语意(语义)原则要让位于语音原则。”他对《辞海·文学分册》和游国恩等主编的《中国文学史》中作家齐名并称的47例进行了分析,指出只有11.75%的排列次序是根据语义原则而未遵循语音原则,如“老庄”(老子、庄子)、“程朱”(程颢、程颐、朱熹),其他绝大部分都按照语音原则进行了排序,如小“李杜”(李商隐、杜牧,后者要比前者年长)、“王孟”(王维、孟浩然,后者要比前者年长)、“刘柳”(刘禹锡、柳宗元,前者的影响肯定不如后者)。在语音原则一致的情况下,则会考虑名气地位,如周姜(周邦彦、姜夔)。当然,除了周荐列举的这几种情形外,也存在语义原则和语音原则一致的情况，如最典型的大“李杜”（李白、杜甫）。

综合上面的分析来看，二重并列结构的内部顺序如果没有遵循语音原则而是遵循语义原则的话，肯定是语义原则在特定的语境下优先于语音原则。按照文体学中的“突出”理论，遵循语音原则（或语音原则与语义原则一致）是常规，是背景，而违反语音原则而去遵循语义原则则是“突出”或者“前景化”，是意义驱动的（meaning-driven），也就是说前后顺序的倒置会带来语义上（不仅仅是指称意义）的变化甚至是重大变化。如，“又红又专”、“又快又好”（中国经济特定发展阶段的需要）、“大小”、“父子”、“爸妈”、“市场营销”（早期的英文为 Sales and Marketing，现在通常都是 Marketing and Sales，英语中还有很多和汉语类似的情形）。

现在来看看两个跟教师有关的例子。

一个是“教书育人”。根据萨丕尔（Sapir）的观点，“语言既能帮助人们进行思维，成为打开思维之门的钥匙；而语言又能限制人们的思维，成为他们思维的枷锁，即所谓‘语言的牢房’”（徐行言，2004：148）。确实如此，有些人不懂“教书育人”排序中的语音原则占先的原则，以为“教书”是第一位的，“育人”是第二位的，所以，现在在青年教师中出现了“重教书、轻育人”的现象。其实，只要联想教师的“传道、授业、解惑”之功能便可知晓：“传道释义：传授、教育道德观念，即是我们时下所说的‘思想教育’，这个是基础教育，德为先，没有良好的思想道德基础是不可能成才的。授业释义：传授以学业、技能，这个技能是指能够使学习者适应生活、适应社会的各种技术、理论知识。解惑释义：惑，是指困顿、迷惑，当人面临未知事物之时，运用自身的知识、技能为学生解开困顿、迷惑。”(http://baike.baidu.com/view/4115495.htm)

二是“教学”。很显然,与“管教”(管理与教育)既符合语音原则也符合语义原则不同,“教学”这个二重并列结构的内部顺序是遵循语义原则而非语音原则的,这说明了“教”和“学”的顺序性和主导性。按照商务印书馆《现代汉语词典》(第5版)的释义,“教学”指的是“教师把知识、技能传授给学生的过程”。这个释义几乎是上海辞书出版社《辞海》对“教学”释义的浓缩:“学校工作中由教师的教和学生的学共同组成的活动。是学校进行智育、德育、美育和体育的主要途径,是学校的中心工作。通过教学,学生在教师有目的、有计划和有组织的指导下,积极主动地掌握系统的文化、科学、技术等各类知识和技能,发展智力和体力、独立学习和创造的能力,陶冶性情和审美情趣,形成良好的思想品德。”从这两个释义可以看出,在微观“教”与“学”的关系中,教师的主导地位非常显著,在这个意义上,“教师为主导,学生为主体”的提法有其一定的合理性。当然也有人可能会说,学生可以自学,但是如果没有教师“有目的、有计划和有组织的指导”,学生就可能无法“系统”地掌握相关的知识和技能,有可能事倍功半。因此,“教得好不一定学得好,教得不好肯定学得不好”的主张也有一定依据。当然,这里“学得不好”是相对的,是与“教师教得好,学生学得好”相对而言的。这就如同教学和科研的关系,不做科研,当然教学效果也可以好,但是做点科研,教学效果肯定会更好。由此可见,教师的作用再怎么强调都不过分。

从上面多个视角来看,每个人都应该学点语言学,特别是汉语语法(关于教师的发展问题,后面将会专门提到)。法国结构主义的代表人物列维-斯特劳斯就曾指出:“正如马塞尔·莫思40年前说过的那样:‘社会学如果处处追随语言学的指引,肯定会进步得快得多。’”(陈启伟,1992:837)理论指导实践,对于“教学”的再认识,可以让我们更全面、更客观、更公正地看待教师的地位和作用。就大学英语教学改革而言,可以更加重视和明确大学英语教师的角色和功能,这样便于“有目的、有计划和有组织”地对大学英语教师进行培养、引进和融合。

图2-3　校园一角

第三章

中国大学英语教师角色的历史嬗变

中国大学的英语教学自从现代意义上的大学建立之后就开始了，但是每个发展阶段呈现出来的特色是不同的，其中大学英语教师所承担的角色也是不同的。需要指出的是，这里大学英语教师的角色是狭义的。古人认为，教师的职责就是“传道、授业、解惑”，近年来则强调大学教师应该承担人才培养、科学研究、社会服务和文化传承的重任。这种教师角色是广义的。狭义上的教师角色指的是教师能教什么、应该教什么及怎么教。

第一节　新中国成立前中国大学英语教师的角色

新中国成立前看起来是个很宽泛的时间段，但这一时段的中国大学历史非常短暂。中国最早的大学是 1879 年在上海成立的教会大学——圣约翰大学，随后成立的教会大学还有金陵大学、之江大学、震旦大学、东吴大学、辅仁大学、齐鲁大学、沪江大学等。

教会大学最直接的贡献就是把现代教育模式移植到了中国，为没有真正意义上的高等教育的中国塑造了仿效样板，使中国高等教育迅速融入了现代高等教育的大潮。教会大学一个共同的特征就是重视英语教育，在教学中直接用英文授课。卜舫济担任圣约翰大学校长后，更是将英语列为各科之首，所以一般教会大学的毕业生英语都很流利。那时候担任英语教师的多为外国人（特别是英美等国的传教士），即现代意义上的外籍教师。

除了教会大学之外，中国也在各地逐渐建立了现代意义上的大学，第一所就是设在北京的京师大学堂（1898）。在京师大学堂前设立的学堂还包括福建船政学堂（1866）、天津水师学堂

(1881)、上海电报学堂(1892)等。“这些学堂大多聘请外籍人员用外语授课”(付克,2004:23)。外籍人员授课的传统沿袭自京师大学堂的前身同文馆(1862)。“同文馆开设时仅设英文馆,由英国传教士包尔滕(J. C. Burdon)任第一任英文教习……1863 年 3 月,法文馆和俄文馆相继成立。法文教习是司默灵(Smornenberg),俄文教习由俄国使馆翻译波波夫(A. Popoff)兼任……设东文馆,杉几太郎任日文教习”(付克,2004:17)。

后来陆续建立的名校还包括中央大学、北京大学、清华大学、中山大学、同济大学、复旦大学、浙江大学等,英语在这些大学中都是非常重要的课程。担任教学任务的既有外籍教师,也有受过英文教育的华人。

不管是在教会大学还是在中国自己的大学,除了外文系,一般学生上英文课主要集中在语言技能上。因此,那时只要受过相当英文教育的人就可以担任英文课教师。仅以钱钟书《围城》中的英文教师为例。虽然“《围城》里写的全是捏造”(杨绛,2003:359),但是有一点却是现实的:“《围城》的魅力是双重的:一是生活本身被作家展现出来的,一是作家展现出自身的。”(人民文学出版社编辑部,2003:2)其中第一个魅力指的是现实的展现,或者按照俗话说,创作来自于生活。《围城》中有很多场景和细节,其中关于英文教师和英语课的描写对我们的研究颇有启发。三闾大学的学生按照英语程度分为甲、乙、丙、丁小组,教丁组的首先是孙柔嘉,她刚刚国内大学毕业(应该是英语本科专业)。由于本组学生英文水平较差,所以她只教学生练习造句,而不教他们作文(说明高级组的学生是要学习作文的),但是学生不买她的账,因为她是助教。后来学校让方鸿渐来代课。方鸿渐的专业背景比较复杂,“从社会学系转哲学系,最后转入中国文学系”,然后出国深造,在伦敦、巴黎、柏林三所大学随便听了几门课,回国前买了个克莱登大学的博士学位。尽管赵辛楣认为方鸿渐教丁组的学生绰绰有余,而且方鸿渐也是“低头小心”地教起英文,但丁组学生还是写了封投诉信,“从头到底说鸿渐没资格教英文,把他改卷子的笔误和忽略罗列在上面,证明他英文不通”。当然,方鸿渐除了英文本身有问题外,还有人际关系的问题(他抢了韩学愈太太的饭碗)。那么教甲组学生的外文系主任刘东方的英语又如何呢?韩学愈认为,“刘先生自己没有资格,不会讲英文,编了几本中学教科书,在外国暑期学校里混了张证书”。刘东方也承认自己的英文不如赵辛楣好,所以就连方鸿渐都可以驳刘东方讲课的错误。这样看来,在几个英文教师中,孙柔嘉的英语水平还是不错的,她输在学位低上面,而不是她的能力不行。退一步讲,她应聘的本来就是助教。如果方鸿渐和刘东方的英语功底很好,也不会被人抓住把柄。所以在旧时的大学,除了学位之外,英语教师的语言技能也是至关重要的。这一点与后面要重点论述的教师能力及职业发展也是息息相关的。

在教会大学,多数情况下是外籍教师用其母语英语来授课,因此也隐含了近年来大力提倡的 EGE(English for General Education 的简称,通识教育英语)、ESP(English for Specific Purposes 的简称,特殊用途英语)、EAP(English for Academic Purposes 的简称,学术用途英语)、SBE(Subject-Based English 的简称,专业英语)等。对于大多数大学而言,EGP(English for General Purposes 的简称,基础英语)教学就是大学英语教师的本职要求。

第二节 以读为主的中国大学英语教师角色

一般来讲,英语教学中的五项技能听、说、读、写、译都很重要,但是,由于资源、需求、时代、市场等各方面的原因,每个时期、每个阶段对于这五项技能的重视程度是不一样的。但长期以来占据主导地位的是对于读的重视。以下仅以历史上的几个纲领性文件为例来说明。

一、《英语教学大纲(试行草案)》(1962)

由于新中国成立后很长一段时期内大学里主要是俄语教学,因此,直到1962年才出现了由上海交通大学制定,然后经高等工业学校外语课程教材编审委员会审定,最后由教育部颁布的《英语教学大纲(试行草案)》。

《英语教学大纲(试行草案)》明确大学英语教学的目的是"为学生今后阅读本专业英语书刊打下扎实的语言基础"。除了词汇量之外,《英语教学大纲(试行草案)》主要的要求包括:掌握阅读一般科学技术书籍所必需的语法知识;能借助词典不很困难地独立阅读内容为学生所能理解的一般科学技术书籍;能阅读难易程度和课文相仿的文章。可以看出,那时候大学英语的核心内容就是语法阅读教学。这个主导思想延续了将近

40 年。

二、《外语教育七年规划纲要》(1964)

紧接着,新中国第一部外语教育纲要《外语教育七年规划纲要》于 1964 年出台。与后来由教育部主导的各项外语教育和教学政策不同的是,《外语教育七年规划纲要》由国务院外事办公室、国务院文教办公室、国家计划委员会、高等教育部、教育部五个部门联合上报中央,由中共中央、国务院颁布执行,足可见其正式程度。本纲要对英语技能的要求如下:

> 要求学习过六年外语的高中毕业生,一般能够掌握三千个左右单词,能够阅读浅近的外文书报,并能进行简单的会话。
>
> 到一九七〇年,凡学习外语课的高等学校毕业生的第一外语程度,一般要求达到能够阅读外文的专业书刊;部分学生能进行一定程度的会话;少部分优秀的学生,应该达到更高的水平。
>
> 外国语学校的毕业生,要求能够比较熟练地掌握一门外语,能读懂一般的外文书报杂志,能进行一般社会生活的会话。

从上面的文件要求看,不管是中学还是外国语学校,抑或高等学校,都把阅读作为教学的主要目标,而会话则作为从属要求。这里面有三个原因:一是当时的客观需求,新中国百废待兴，国家经济发展需要大批专业人才能阅读国外文献，掌握必要的科技知识或文化信息；二是在国内直接面对外国人或出国的机会很少，对于口语的现实要求不高；三是当时还特别重视对学生"加强阶级和阶级斗争的教育"，基本上断绝了与外国人特别是欧美人的接触，所以在很大程度上也抑制了口语的要求。这或许也是"学以致用"的某种体现。

三、《大学英语教学大纲》(1980、1985、1986)

"文革"之后，百废待兴，外语教育也是如此，1979 年中央印发了全国外语教育座谈会的纪要《加强外语教育的几点意见》。在这个意见指导下，1980 年教育部通过了《英语教学大纲(草案)》，其中规定基础英语教学阶段的目的是"为学生阅读英语科技书刊打下较扎实的语言基础"，而专业阅读教学阶段的目的为"使学生具备比较顺利地阅读有关专业的英语书刊的能力"。

针对理工科和文理科英语教学的不同特点和要求，教育部分别于 1985 年和 1986 年颁布了《大学英语教学大纲(理工科用)》和《大学英语教学大纲(文理科用)》。两份大纲的共同点之一就是教学目的。《大学英语教学大纲(理工科用)》提出："大学英语教学的目的是培养学生具有较强的阅读能力，一定的听和译的能力，初步的写和说的能力，使学生能以英语为工具，获取专业所需要的信息，并为进一步提高英语水平打下较好的基础。"《大学英语教学大纲(文理科用)》则规定："使学生通过二年基础阶段的学习，从而具有较强的阅读能力、基本的听的能力、初步的写和说的能力。"这两份大学英语教学大纲的颁布，“标志着我国大学英语教学已经渡过比较艰难的恢复重建阶段，步入稳定发展阶段”（王守仁，2008：17）。

不管是《英语教学大纲（试行草案）》还是《大学英语教学大纲（理工科用）》和《大学英语教学大纲（文理科用）》，都仍然像以前的各类英语教学大纲一样，将阅读放在首要的地位，反映了社会对于英语人才的基本要求。

四、《大学英语教学大纲（修订本）》（1999）

1999 年，在 1985 年颁布的理工科大纲和 1986 年颁布的文理科大纲的基础上，高等学校大学外语教学指导委员会英语组审定通过了《大学英语教学大纲（修订本）》。该大纲对学生语言应用能力的要求从原先的三个层次变为两个层次。在这个阶段，对于听、说的要求越来越强烈，但是读仍然被视为大部分大学生今后工作所需的最为重要的技能，是第一层次的要求。因此，大纲在论述大学英语教学目的时明确指出：“培养学生具有较强的阅读能力和一定的听、说、写、译能力，使他们能用英语交流信息。”在随后的教学要求中，不论是在基础阶段（一至二年级）的基本要求和较高要求，还是在应用提高阶段的专业英语和高级英语中，阅读能力的培养总是优先于听的能力、说的能力、写的能力和译的能力。

该大纲也要求能正确处理阅读与听、说、写、译的关系：

> 阅读是掌握语言知识、打好语言基础、获取信息的重要渠道……在大学英语教学中要始终注重阅读能力的培养。从语言学习的规律来看，英语应用能力的提高是建立在大

量的语言输入,尤其是大量的阅读的基础之上的。但是,随着国际交往的日益扩大,全面提高大学生的听、说、写、译等技能已越来越重要。同时,英语应用能力是各种语言技能的综合反映,这些技能是相辅相成的、互相促进的。

尽管大纲对读、听、说、写、译的关系有了一个比较清晰的看法,但可能是本着有所为有所不为、重点突出的原则,读仍然被放在首要的地位。其实,从语言学习的规律看,英语应用能力的提高肯定是在输入的基础上进行的,但是输入不仅包括读,而且还包括听,口语及口译能力的提高很大程度上和听的关系更加密切。或许长久以来对于读的重视已经成为政策经典,需要很长的时间去逐步化解。根据2009—2010年教育部大学外语教学指导委员会在全国高校对大学英语教学现状进行的调查,在听、说、读、写、译五项技能中,“参加调研高校的总体排序为读、听、说、写、译”(王守仁、王海啸,2013:4),尽管在“985”和“211”学校的情况有点不同。而此次调查离2004年颁布的《大学英语课程教学要求》已经整整过去了5年。

数十年大学英语教学中对于读的重视,使大学英语教师养成了惯性,而且阅读教学也是他们的老本行,更是他们的擅长之处。阅读进而被分为精读、泛读、快速阅读等。在教学过程中,教师们长期以来使用的是语法翻译法,其特点是书面语优于口语;重读写,轻听说,只强调书面语的阅读能力,学生口语能力得不到培养,长期使用语法翻译法会使学生患上外语聋哑病。其实更深层次的问题是,不仅仅学生患上了聋哑病,教师本人也变成了病人:听不懂,说不出来。这种病在中老年教师身上尤其明显。二十年、三十年如一日,阅读优先的教学原则使得这些教师在今后的角色转型中如履薄冰,举步维艰。从某种角度看,他们也是时代的产物,一方面为当时的大学英语教学贡献了青春,但是也由此造成了退休前相当一段长时间的无所适从和岁月沧桑。

第三节 听说为主的中国大学英语教师角色

前面提及的几个主要阶段的大学英语教学要求全部是以"大纲"或"纲要"的形式出现的,确定了读的"纲"的地位。这种地位的不可撼动性贯穿了整个 20 世纪。

进入 21 世纪后,随着中国加入世界贸易组织(WTO)及对外开放力度的逐渐加强,中外交流日益频繁,对于英语听说能力的需求越来越多。具备英语听说能力的人才供不应求,社会开始关注大学英语教学中的"费时低效"现象。张尧学指出:"在我国大学生的阅读能力有所提高的同时,许多学生听力和口语能力提高不大,听不懂、说不出,即人们常说'聋子英语'、'哑巴英语'的现象随之产生。"(张尧学,2002:8)为此,教育部开始对原先的《教学大纲》进行改革,于 2004 年颁布了《大学英语课程教学要求(试行)》。经过 3 年的试行,教育部组织有关专家,根据大学英语教学改革目标要求,结合大学英语教学改革实践，对《大学英语课程教学要求（试行）》进行了修订和完善，于2007年7月正式颁发《大学英语课程教学要求》（以下简称《课程要求》）。《课程要求》尽管在细节表述方面与试行版有些变动，但是在大学英语教学目标的定位方面原则一致："培养学生的英语综合应用能力，特别是听说能力，使他们在今后学习、工作和社会交往中能用英语有效地进行交际，同时增强其自主学习能力，提高综合文化素养，以适应我国社会发展和国际交流的需要。"这一原则确立了培养大学生英语综合应用能力，特别是听说能力的法律地位。为此，《课程要求》还明确规定："大学英语课程的设计应充分考虑听说能力培养的要求，并给予足够的学时和学分。"

图3-1　多模态互动录播室

为了避免对听说重视的理解偏差，王守仁对此作了解释："把听和说放在英语教学较为突出的位置，并不意味着削弱语言教学的其他方面。作为语言活动，听和读是获取信息的渠道，说和写是传递信息、表达思想、交流情感的渠道，它们之间是相互关联的，不应分割和对立。大学英语教学应注意听、说、读、写、译能力的协调发展，从而把'培养学生的英语综合应用能力'的任务落到实处，切实提高大学英语教学质量。"（王守仁，2008:59）

也就是说，听、说、读、写、译在重要性上没有主次之分，强调听说，主要是为了平衡原先的不足。但是，很多高校在对《课程要求》关于突出听说教学政策的理解上有偏差。听说领先，使得课程设置和教学重点转向了听说，不管是什么学科、什么专业，也不管今后的就业取向，听说成了教学中的"纲"，学校的投入逐年加大。但是，这时候大学英语教师听说教学的能力就显得尤为尴尬。某些高校建设高水平研究型大学中的进程中也要求研究型教学，但是如果教师自己都不搞研究，如何能够实现研究型教学？同理，对于听说教学而言，年轻教师或许适应性较强，毕竟还没有完全被阅读主导的教学所定势，但是对于已经全身心投入读写教学的中年教师或老教师而言，听说教学就是一场梦魇。我们一直在问：有多少中年教师或老教师还能听得懂 VOA、BBC、CNN 或 CCTV-NEWS？或者干脆说，有多少人还在坚持听和说？蒋玉梅、黄燕根据对 6 省 97 所高等学校的 747 名教师的调查发现，"38.9% 的教师经常阅读英文报刊书籍，42.1% 的教师经常收听收看英文广播电视节目"（蒋玉梅、黄燕，2013:220）。这样的比例是否包含水分不得而知，因为教师在填写调查问卷时或许为了面子原因即使没听没读也不会主动承认。从这个角度看，"聋子英语"和"哑巴英语"不是学生的专利,离开了 PPT,很多教师已经不会上课了。这里不会上课有两层含义:一是不知道讲什么内容,二是不知道如何用英语去组织这些内容。联想近年来大学英语四、六级考试的机考推广的难度可知,硬件和网络是没问题了,但是考试的题型和占比变了,视听说的要求加强了。如果教师们的视听能力跟不上考试和教学的要求,如何来推广新型的大学英语四、六级考试?当然,我们不能让相当一部分中年教师或老教师承担所有的责任,毕竟他们是历次大纲的强有力执行者。但是问题出现了,也需要去面对,去找出强化听说教学的路径和措施。

第四节 基于技术的中国大学英语教师角色

《课程要求》是大学英语教学发展史上里程碑式的文件,它不仅首次正式突出了听说教学,还首次在教学模式上提出了信息化的要求:“各高等学校应充分利用现代信息技术,采用基于计算机和课堂的英语教学模式,改进以教师讲授为主的单一教学模式。新的教学模式应以现代信息技术,特别是网络技术为支撑,使英语的教与学可以在一定程度上不受时间和地点的限制,朝着个性化和自主学习的方向发展。”

虽然《课程要求》也强调“在充分利用现代信息技术的同时,要合理继承传统教学模式中的优秀部分,发挥传统课堂教学的优势”，但是从对网络教学系统的要求中可以明确看出其重心仍然是高强度的信息化：“为实施新教学模式而研制的网络教学系统应涵盖教学、学习、反馈、管理的完整过程，包括学生学习和自评、教师授课、教师在线辅导、对学生学习和教师辅导的监控管理等模块，能随时记录、了解、检测学生的学习情况以及教师的教学与辅导情况，体现交互性和多媒体性，易于操作。”

为了强化信息化学习，《课程要求》还建议“学生通过计算机学习所获学分的比例在大学英语学习总学分中不低于30%”。为此，有的高校利用中央财政修购资金，有的利用省市专项，建起了规模不等、但是空前的现代化语音室、多模态实验室及自主学习中心，硬件建设可以说是大学英语教学改革带来的一个最大的副产品。

这里先不谈基于技术的教学模式是否顺应潮流，是否合理，是否能实现听、说、读、写、译五项技能的全面发展，是否投入大于产出，是否资源浪费，是否加重教师的负担，等等，我们关注的焦点是，是否所有的大学英语教师都能够适应全新的信息化教学要求？

对于部分教师而言，适应信息化教学要求非不为也，乃不能也。20世纪80年代初、中期的大学生几乎没有接触过计算机，或许接触的仅仅是电脑课上的理论知识。从286、386、486，到上网，到博客、微博、微信，再到现在的云技术，对这些45—60岁的教师来说几乎是一座座高山，每走一步都很艰难（当然不排除少数的中老年技术控）。我们仍然还能记得画张键盘图练习打字的时代，仍然记得搞不清UPS、CPU、ROM、HDD到底是什么的时代。大学英语教师发现，除了要更新听、说、读、写、译技能外，还要再努力地进入技术的第二课堂。四五十岁教师群体也在努力地竭尽所能地面对电子作业、电子批改、网上互动、后台监控等新信息教学手段，有的成功了，有的还在疲于奔命，有的则掉队了。可悲的是，在努力提高自己技术素养的同时，很多人发现，“80后”“90后”的大学生的技术储备要远远超过本应“传道、授业、解惑”的教师，一边是为人师表的“一本正经”，一边却是战战兢兢的“忐忑不安”，教师的自信心、安全感逐步下降，职业自豪感也荡然无存。

为了追赶时尚，有些大学英语教师花在技术、网络、做PPT上的时间要远远超过集体备课、更新课堂授课内容、互相听课取长补短、与学生交流沟通的时间，其效果让人质疑。

有些人批评这些大学英语教师缺乏技术头脑，而且不够努力，但是我们也不能忽视历史，不能忽视很多大学英语教师的文科背景。一味地要求大学英语教师技术型转变，就如同要求计算机等专业技术教师文学型转变一样，两全其美是理想，有所为有所不为也是改革之道。与时俱进，无可厚非，但实事求是地实施差别化管理亦势在必行。

第五节 EGE课程导向的中国大学英语教师角色

《课程要求》在强调听说领先原则和强化技术主导的基础

上，对课程设置还明确提出了要求："大学英语课程不仅是一门语言基础课程，也是拓宽知识、了解世界文化的素质教育课程，兼有工具性和人文性。因此，涉及大学英语课程时也应当充分考虑对学生的文化素质培养和国际文化知识的传授。"

在英语专业相当长时间内致力于培养复合型外语人才的阶段后，通识教育（General Education，简称 GE）又被提到英语专业的建设议程上，并引发了巨大的争论。（孙有中，2008）英语专业的总课时有限，与其他专业相比，除了思政课、体育课等公共课之外，第二外语挤压了相当一部分语言技能课时，在这种情形下，复合型课程及通识课程的加入让语言技能课原有的课时更加捉襟见肘。英语专业到底如何办？英语专业还是否是个专业？

在英语专业开设通识课程有其一定的合理性，因为学生专攻语言技能，知识面会很窄，视野也不会开阔，因此需要通过通识课程的开设，在语言之外打开一扇窗。

在通识教育流行的大环境下，大学英语课程也出现了英语通识教育的呼声。在听、说、读、写、译等基本技能课程的基础上，很多高校将英语专业原有的部分英文通识课程，如"西方思想经典""诗歌赏析""英国文化""美国文化""欧洲文化""西方宗教"等引入大学英语课堂，同时将"中国文明史""中国人文经典""中国文化概览""中国哲学概论"等课程以英文形式改编进大学英语课程体系。英语通识课程大部分是文史哲等社科课程，但并不排斥自然科学课程，如"西方科学简史"。不管怎么样，英语通识课程都是为了提高学习大学英语这门课程的大学生的"文化素养"："通过对人类千百年积累下来的精神成果的吸纳和认同，使学生一方面有独立的人格意志，有丰富的想象力和创造性，有健全的判断能力和价值取向，有高尚的情操和情趣，有良好的修养和同情心，对个人、家庭、国家、天下有一种责任感，对人类的命运有一种担待。”（张汝伦，2008：15—16）

通识课程的作用如此巨大，理应得到大力推介，但有些问题值得思考：用中文上还是用英文上？哪个效果更好？大学英语课程需不需要承担这么大的“文化素养”培养的责任？即使主张“通识教育类英语课程旨在实现《课程要求》确定的教学目标中关于‘提高综合文化素养’的要求”（王守仁，2011：3）的教育部大学外语教学指导委员会主任委员王守仁教授也明确指出：“强调大学英语课程中文化的重要性并不意味着大学英语教学要全盘‘通识化’或以通识教育理念为指导……来建设大学英语课程，毕竟大学英语教学的主要任务是提高学生的外语水平，重点是培养学生的英语综合应用能力。”（王守仁，2011：3）因此，从本质上说，大学英语和大学数学、大学物理一样，都只是一门公共基础课，学生的人格意志、价值取向、情操和情趣等，不应成为大学英语课程的核心所在。和上一节讨论的技术一样，作为语言专业背景的教师，他们的思想经典背景、文明史知识及中西哲学底蕴与新一代的大学生相比，不一定占任何优势，或者说根本没有优势，他们思考的深度在学生面前也许给人皮毛之感，用英语来表述自己不大擅长的东西和学生没多大区别。要给别人一碗水，自己先要有一桶水。这一桶水背后隐含着大学英语教师无数的汗水和努力。他们要重新学习中西方哲学、中西方思想经典等，很多看不懂、理解不透的东西还要去查询相关书籍或请教其他学院的专业教师。等到用英语上课时，很多教师又不得不借助于 PPT，一方面所了解的知识还是肤浅的，根本不能自由组织，另一方面英语的表达法也是现学现卖，只不过比学生多事先准备了点。这时候，我们就看不到教师像他们上基本技能课时那样的娓娓道来、闲庭信步，也就缺乏了舍我其谁的课堂自信。PPT 讲台成了他们的据点，翻页器成了掩盖心虚的“心理支撑点”。

第六节　ESP 课程导向的中国大学英语教师角色

近几年，在 EGP 和 EGE 的基础上，ESP 课程越来越受到关注。对于 ESP 的分类有多种，如 Hutchinson 和 Waters(1987)认为 ESP 有三个分支：科技英语(English for Science and Technology，简称 EST)、经贸英语(English for Business and Economics，简称 EBE)和社科英语(English for Social Science，简称 ESS)。在此基础上，Hutchinson 和 Waters 将 ESP 分为两大类：学术英语(English for Academic Purposes，简称 EAP)和职业英语(English for Occupational Purposes，简称 EOP)。Jordan(1997)将 EAP 又细分为专门学术用语(English for Specific Academic Purposes，简称 ESAP)和通用学术英语(English for General Academic Purposes，简称 EGAP)。专门学术英语以某一学科领域内容为依托，

如科技英语、机械英语、医学英语、化工英语、食品英语、设计英语等；通用学术英语旨在训练学生的学术书面和学术口语交流能力。因此，ESP 主要有三类：ESAP、EGAP 和 EOP 。（蔡基刚，2012）

蔡基刚认为："面对经济全球化带来的社会发展需求和高等教育国际化带来的学科发展需求，大学英语教学的发展方向只能是专门用途英语。因此我们必须对大学英语教学目标进行必要的修订，使教学目标清晰而具体，如'今后学习'可改为'为本科期间用英语进行专业学习服务'，'今后工作'改成为'毕业后能熟练地用英语开展工作做好准备'。也就是说，只有转型，我国的大学英语才能获得新生。"（蔡基刚，2012：83）蔡基刚以清华大学为例指出，在把大学英语的方向定位在学术英语之后，大学英语课程才得到了学校的支持，大学英语的学分才回来了。林盛也指出："大学英语教师如果不能适时地转型，仍只专注于基础阶段的教学，显然无法适应学生与日俱增的需求；再者，以后的出路也可能成为问题。EAP 教学恰好为大学英语教师的发展提供了空间和机遇。所以，大学英语教师转向 EAP 教学是其发展的必然趋势。"（林盛，2010：103）

在上海高校大学外语教学指导委员会主任委员蔡基刚的主导下，上海市教育委员会于 2013 年初发出了《上海市教育委员会关于开展大学英语教学改革试点工作的通知》，要求试点高校"以学术英语为核心，围绕'提高学生用英语直接从事本专业学习、工作的能力，并使其在专业领域具有较强的国际交往和竞争能力'的教学培养目标，统一思想，转变观念，加强组织，稳步推进大学英语教学改革"。

蔡基刚的观点在国内大学英语教学界引发了激烈的争论，甚至在其任教的复旦大学也是众说纷纭。在所有争论的背后，有一系列的问题值得关注：清华（及北京其他高校）和上海试点高校的特殊性，高校的地理区域性差异，学生的英语水平差异，学术英语的实际需求和社会需求，学生学习学术英语的兴趣，等等。

但是，除此之外，还有个更加现实的问题：谁来上学术英语？谁能够上学术英语？谁愿意上学术英语？在通识英语转型的过程中，大学英语教师已经感受到了巨大的压力。那么，面对机械英语、医学英语、化工英语、生工英语、物联网英语、法律英语、心理学英语等依托独特学科内容的英语教学内容时，大学英语教师的心理承受力会如何？那些专业术语怎么办？不借助于词典能看得懂原文吗？即使翻译成中文，我们能理解其中的意思吗？归根到底，大学英语教师对于理工科或科技类的 ESP 英语心存恐惧，他们的专业知识背景束缚了他们在这些专业性较强的英语课程上有大的作为。

林盛指出："在国外，EAP 教学一直就是由语言教学部门组织并由英语教师承担的。"（林盛，2010：104）但是，母语是英语的教师和英语作为外语的教师在 EAP 的知识基础和认知能力上是有天壤之别的。

笔者曾旁听过一堂类似于学术英语的课堂教学。教师只能帮学生理清语法，一旦遇见专业词汇，就会"不耻下问"地请教学生："这个词是×××意思吧？"这样的课堂还不就是最原始的基础英语课堂？可悲的是在这个课堂上，教师擅长的还是最基本的语言点教学，如主谓一致、单复数、时态等。而这些问题对于很多学生而言都已经是"石化"问题了。在本应高端的课堂上教授的是初级的内容,显得与课程的原始目标格格不入。其实即使这样,上课的教师也忐忑不安,生怕自己不小心犯了那个学科的常识性错误。在这种状态下,大学英语教师如何能有职业自豪感?更加让人担忧的是,在科研至上的高校,学术英语教学上的巨大投入能否有相应的科研产出(哪怕是一点比例)?

庆幸的是,面对高校的不同情况,上海市教育委员会已于2014年调整了原先的ESP推行政策。

第七节 小结

近一个世纪的大学英语教学的历程让我们见证了大学英语教师角色的历史性转换:从基本技能,到阅读为主,到听说领先,到技术主导,再到EGE和ESP,大学英语教师就像"百变金刚",无所不能,无所不适。但是,正如张尧学所说的那样,学生不可能英语五项技能全部学得很精通,"除非他是天才、奇才"(张学尧,2008:4)。这同样适用于我们的大学英语教师。退一步讲,即使我们的大学英语教师是所谓的科班出身,在毕业时五项技能俱佳,但是经过一段时间(有的教师长达20、30年)的阅读教学,突然转换到听说教学,这种转换一方面是心理的,另一方面也是能力上的。这种转换不是每个人都能适应的,也不是每个人都会成功的。适应听说教学的那部分教师又要赶上技术主导的课堂教学和教学管理的步伐，然后迈向 EGE、ESP 等自己在学校学习时未曾涉猎的领域和学科。教师们越来越感到心累，职业安全感越来越弱，久而久之，相当一部分教师就会丧失追赶的信心，职业倦怠感由此而生。根据唐进的实证调查："有接近半数的（46%）大学英语教师存在中度倦怠现象。而高度倦怠检出率也达到了 8% 的水平。"（唐进，2011:58）也就是说，按照 10 万大学英语教师的统计，有将近 5 万人存在不同程度的职业倦怠现象，这是个庞大的数字。

余秋雨曾在《文化苦旅》中说道："我所关注的理论问题是，一个群体从学习外语到不讲母语需要经历多大的心理转换，大概需要多长的时间，再进一步，从不讲母语到遗落家族姓氏又需要经历多大的心理转换，还需要多长的时间。当然，更迫切的问题还在于，这一切是不是必然的，能在多大程度上避免。不管怎么说，我已看到了大量不争的事实：语言的转换很快就造成了一批斩断根脉的'抽象人'。"（余秋雨，1992:335）依照此理，我们所关注的现实问题是，一个教学群体从教学能手到教学生手再到教学盲手需要经历多大的心理转换，大概还需要多长的时间。当然，更迫切的问题还在于，这一切是不是必然的，能在多大程度上避免。不管怎么说，我们已看到了大量不争的事实：角色的持续转换已经造成了一批越来越心虚、越来越进入陌生领域的"局外人"。

我们如何面对这种尴尬的局面？我们既要面向未来，也要正视历史，这样，大学英语教师的现实才会越来越清晰，未来也才会越来越光明。既要解放思想，也要实事求是，这样才能团结一致向前看，向前迈出扎扎实实的每一步。

第四章

中国大学英语教师的背景及困境

大学英语教师面临的种种尴尬和矛盾与其学科背景息息相关，这也是我们解决现实问题的语境所在。英语专业目前毕业生的就业形势与大学英语教师的现状几乎如出一辙。《2012 年中国大学生就业报告》中，英语专业被列入 2012 年本科就业“红牌警告专业”。英语专业的学生，因为没有其他专业知识，似乎成了就业大军中的尴尬一族。造成这一现状的最主要的原因就是英语专业的定位、师资与课程设置。现在让我们来看看传统意义上的大学英语教师的教育和学科背景。

第一节　高考入学的主动选择与被动选择

绝大部分的大学英语教师是英语专业的毕业生。恢复高考后英语专业的生源经过数十年的发展,已经有了很大的变化。

20 世纪 90 年代以前英语专业的学生,特别是师范专业的学生,基本上有两种情况:一是特别喜爱英语专业,立志从事英语专业工作;二是英语成绩尚可,更主要的是为了“跳龙门”而报考英语专业。不管如何,这两种情况的考生都是自愿进入英语专业的,也就是说第一志愿上线的考生比例很高。由于是自己的主动选择,因而那时候学生学习的积极性高,目标性强,学习效果好。由于那个时代英语人才缺乏,所以,即使是本科毕业,也有相当多的优秀毕业生进入各类高校,从事英语教学工作(这种就业情况由于高校扩招一直延续到了 21 世纪初的前五年)。这一阶段的英语师范专业学生在校期间在听、说、读、写、译五项技能上得到了大量的锻炼,而且在英语专业知识课程方面也得到了重点教育,因此,英语技能和英语专业知识功底扎实,具备良好的教学基础。

20 世纪 90 年代后期至今的英语专业的生源有了很大的变化。除了一部分对英语专业情有独钟的学生外,很多学生是非第一志愿或被调剂进入英语专业的。与早期英语专业的学生相比,这个时期的英语专业的学生在高考时也没有参加曾经的口语考试。出于各种原因,英语专业的学生在进校后与其他专业的学生相比,英语基础不占优势,至少不占绝对优势(很多高校新生入学时英语专业的学生与其他新生一同参加大学英语分级考试,其平均成绩让英语专业的教师汗颜),学习的动机不强,对专业的认可度也较低,一部分学生刚刚报到就申请转专业。坚持下来的学生就业前景也是逐年堪忧,虽然绝大部分毕业生都能够找到工作,但要么与英语无关,要么起薪较低,要么职业层次不高,有些本科生即使很优秀,也由于人才政策无法进入曾经的"白领式"高校,这也为大学英语教师现存的尴尬局面埋下了伏笔。

第二节 英语本科专业的课程设置及培养局限

如前所述,英语专业的学生在学校即使很勤奋,但是,长时间以来,由于人才培养定位、师资队伍背景单一及课程设置过分专业化或简单化等,英语专业的学生在专业视野、拓展空间、发展潜能等方面受到了很多的限制,为今后的职业发展路径设置了重重路障。

2000 年的《高等学校英语专业英语教学大纲》在前言中认为，“鉴于社会主义市场经济对我国高校英语专业人才的培养模式提出了新的要求，而且十多年来的英语教学又发生了不小的变化，原有的两个大纲已无法适应新的形势，因而有必要作相应的修订”，其中的培养目标在原先基础上修订为“培养具有扎实的英语语言基础和广博的文化知识并能熟练地运用英语在外事、教育、经贸、文化、科技、军事等部门从事翻译、教学、管理、研究等工作的复合型英语人才”。为此，课程设置分为英语专业技能、英语专业知识和相关专业知识三种类型，并要求这三类课程“均应以英语为教学语言”。英语专业技能课程指的是“综合训练课程和各种英语技能的单项训练课程”，包括基础英语（综合英语、高级英语）、听力、口语、阅读、写作、口笔译等课程；英语专业知识课程指的是“语言、文学、文化方面的课程”，包括语言学、英美文学、跨文化交际、文体学等；相关专业知识课程指的是“与英语专业有关联的其他专业知识课程，即有关外交、经贸、法律、管理、新闻、教育、科技、文化、军事等方面的专业知识课程”。

这里，我们需要关注三个问题。

第一，英语专业技能课程和英语专业知识课程较之以往的英语教学大纲没有太大的变化，基本上沿袭了几十年来的课程设置和框架。由于生源及学习动机等问题，相当一部分学生在英语语言基本功（特别是写作和翻译能力）方面可能与 20 世纪培养的英语专业人才有显著的差异。尽管中学的英语学习可能比 20 世纪要完善一些，有些学生的听力和口语会稍好，但是英语语言技能全面发展的学生已经越来越少,这也是目前和今后大学英语教学全能型师资的要求渐行渐远的主要因素之一。

第二,相关专业知识课程的定义和范围还是更多的人文化或者社科化。大纲中列举的与英语专业关联的其他专业"外交、经贸、法律、管理、新闻、教育、科技、文化、军事等"中绝大部分是人文社科专业,只是隐约性地提到了泛化的"科技"。在课程列举上,人文社科类的课程也占据了绝对的主导地位,例如只是象征性地提到了"世界科技发展史"和"计算机应用"。这样做或许是基于这样的假设,即英语专业是文科专业,理所当然,所开设的相关专业知识课程应该以人文社科类课程为主。胡文仲等指出:"国内英语专业应该确立英美文学、语言学和英语国家研究(包括跨文化研究)的学科主导地位,与此同时积极向人文学科的相关领域拓展。"(胡文仲等,2006:246)胡壮麟提出:"可以在英语专业下设置若干方向,如文学、语言、翻译、文化、经济、新闻、法律、政治等。"(胡壮麟,2002:3)难道我们英语专业的课程设置只能局限于人文社科范畴吗?梁德智等指出:"专业化的教育把学生的思维禁锢在一个狭窄的领域,接触不到其他学科领域的知识和思想,甚至领略不到人类现有文明带给人精神上的乐趣和震撼。"(梁德智等,2004 :81)蔡元培先生当年在《北京大学月刊》的"发刊词"中曾对单一学科的教育提出过批评:"破学生专已守残之陋见……治文学者,恒蔑视科学……治自然科学者,局守一门,而不肯稍涉哲学……治哲学者,以能读古书为足用,不耐烦于科学之实验。"(张西平,2008:86)蔡元培先生当时批评的对象是学生,没想到百年过后受批评的对象发生了改变。难道胡文仲先生和胡壮麟先生真的属于这个批评对象吗？其实不然。两位先生是在非常实事求是地论及英语专业的规划和发展，他们非常清楚英语专业能够做什么和应该做什么。虽然胡文仲先生和胡壮麟先生没有参与2000年版英语专业教学大纲的修订工作，但他们和大纲修订人的思路和思想是一致的。大纲修订人在考虑专业知识课程设置及教学语言要求时充分考虑了现有师资的学科背景单一及理工科等科技知识的历史性缺乏的现状。

此外，即使在众多的人文社科专业中，很多英语专业在选择相关专业知识课程时，也是方向单一。近年来，由于对外经济贸易的长足发展，很多高校的英语专业不失时机地开设了深受学生钟情的课程，如国际贸易、国际金融、国际经济学、商学导论等。这些课程的开设提高了学生在这些相关领域的知识水平，为他们今后更好更快地融入市场和社会奠定了良好的基础。但同时也出现了问题，那就是过分看重短期的市场取向，导致相关专业知识课程设置单一，而且具有一定的风险性。例如，经贸类的课程前几年特别吃香，但是如今世界经济并不景气，连商学院毕业生都很难找到理想的工作，倒是理工科毕业生的就业相对好一些。

第三，相关专业知识课程开设有较大的难度。除了范围比较窄之外，已有相关专业知识课程的开设也遇到了不少的困难。英语专业的教师大多只具有英语语言文学的教育背景，让他们来承担相关专业知识课程的教学，他们的“专业知识难以深入”（常俊跃，2007:39），因此“讲起课来总有些信心不足，蜻蜓点水，因而不能满足学生的需求”（祝平，2001:76）（这也是目前很多高校大外教师在承担 EGE、ESP 等课程时的尴尬）。

所以,何其莘等不主张相关专业知识课程完全由英语专业教师来承担,“因为期望英语教师经过一两个学期的培训就来开设其他专业的基础课程,是不切实际的,也是对学生不负责任的做法”(何其莘等,2008:431)。他们建议这些相关专业知识的课程“完全可以通过辅修、副修或第二学位的办法来解决”。但问题是,“辅修、副修或第二学位”的相关专业知识课程大多数是用中文来授课的,这就违背了《大纲》关于相关专业知识课程的英语教学要求。在谈到聘请相关专业的教师讲授相关专业知识课时,常俊跃直言不讳:“教师的英语语言表达能力普遍较差。”(常俊跃,2007 :39)林盛也指出:“就目前我国专业教师队伍的素质而言,他们虽然具备专业知识,但英语能力不全面,具体表现为口语、听力、写作能力差,尤其是口语表达能力相对较低。专业课教师不懂语言教学规律,常常会用专业代替语言。”(林盛,2010:104)指望这种体系下培养出来的英语专业毕业生从事大学英语的 EGE、ESP 等课程岂不是空想? 离现实似乎太远了点。(当然,这是目前专业教师的现状,下文将会谈到部分优秀海归教师承担 EGE 、ESP 教学的可能性。)

我们现在谈的是 2000 年版的英语专业的课程设置和人才培养。那么自然而言地推断,在此之前的若干年,英语专业的学生主要精力都在英语专业技能课程和英语专业知识课程上面,相关专业知识课程根本没有提上议事日程,他们的相关专业知识非常缺乏,复合型能力明显与要求存在差距。因此,这批“老毕业生”面对花样繁多的 EGE、ESP 等课程开设带来的巨大挑战时的种种窘境便不言而喻了。

经过 10 年“培养具有扎实的英语语言基础和广博的文化

知识并能熟练地运用英语在外事、教育、经贸、文化、科技、军事等部门从事翻译、教学、管理、研究等工作的复合型英语人才”的思考与实践，教育部实现了悄然转身。在2012年颁布的《普通高等学校本科专业目录和专业介绍》中对于英语专业培养目标的表述如下：“本专业培养具有较高的人文素养、熟练的英语语言技能、厚实的英语语言文学专业知识和其他相关专业知识，能在外事、教育、经贸、文化、科技、军事等部门熟练运用英语和本族语从事外事、翻译、教育、管理、研究等各种工作的英语专业人才。”与2000年版的《高等学校英语专业英语教学大纲》相比，新的专业介绍虽然还是强调了语言技能、专业知识和相关专业知识，但是最后的中心词从“复合型英语人才”修改为“英语专业人才”，说明12年来对于英语专业复合型人才培养问题的争论画上了一个句号。与此相对应，英语专业核心课程仅包含英语专业技能课程和英语专业知识课程，而且明确规定了两类课程在专业总课时中的比例分别为40%和35%。如果考虑第二外语、思政、体育、军事理论、军训、计算机文化基础、社会实践、第二课堂等其他必修和嵌入型课程，原先的相关专业知识课程在英语专业总课时中的比例已被大大压缩。按照现有大学英语课程发展的趋势，这个新目录体制下培养出来的未来师资肯定是满足不了大学英语课程要求的。

近年来，在英语专业之外又增设了翻译专业。设置翻译专业的目的是为了“培养德才兼备、具有创新意识与国际视野的通用型翻译专业人才，能够胜任外事、商务、教育、文化、科技、军事等领域中一般难度的笔译、口译或其他跨文化交流工作”。这里的关键词“通用型翻译”似乎有些歧义。它可以表示适合于各行各业的翻译,也可指适合一般行业的翻译。那么到底是指前者还是指后者呢?我们来看看相关的表述:“翻译专业的毕业生应获得以下几方面的知识和能力:1.掌握语言知识与能力…… 2.掌握翻译学科的基本理论、基础知识与能力…… 3.掌握翻译需要的相关知识与能力,包括中外社会文化知识,语言学与文学知识,使用现代信息技术和翻译工具的知识,国际商务知识,公共外交知识……”虽然在《普通高等学校本科专业目录和专业介绍》中还列举了翻译专业毕业生应该获得的其他知识和能力,但从上面的几个能力可以发现,翻译专业的本科生与英语专业的本科生在知识和能力的要求上有很多相同的地方,最大的不同点在于前者的学习重心在翻译课程上。但是,需要注意的是,翻译专业的翻译课程只不过是在课程数量或课时上要超过英语专业,在翻译课程涉及的面与跨学科性质上没有根本的改变,还是基本上属于人文社科的大范畴,这从翻译专业毕业生应该获得知识与能力的第三小点“掌握翻译需要的相关知识与能力”的详细表述上就可一目了然。事实也如此,《普通高等学校本科专业目录和专业介绍》中将翻译主干学科明确为“外国语言文学”和“中国语言文学”,授予的学位仍然是“文学学士”。在这种课程框架下培养出来的学生无疑是定位于“一般行业的翻译专业人才”,即 TGP(Translation for General Purposes),这与 EGP 异曲同工。

至于最近几年盛行的商务英语专业,更是突破了原先英语专业相关专业知识课程全面商务化的藩篱,成为一个单独的与英语专业及翻译专业分庭抗礼的热门专业。商务英语专业的目标是“培养具有扎实的英语基本功、宽阔的国际视野、专门的国际商务知识与技能，掌握应用语言学、应用经济学、工商管理学和国际商法等学科相关知识和理论，了解国际商务规则，具备较强的跨文化商务交际能力与较高的人文素养，能参与国际商务竞争与合作的应用型、复合型英语专业人才”。商务英语专业主干学科为外国语言文学、应用经济学和工商管理学。其核心课程中的英语知识及技能课程与英语专业和翻译专业有了很大的区别：除了基础英语外，综合英语、英语视听说、阅读、写作、翻译都被冠上了“商务”的帽子，如综合商务英语、商务英语视听说、商务英语阅读、商务英语写作、商务英语翻译等，构建的是基于商务内容（business content-based）的英语技能课程体系。这个课程体系的优点在于突出了技能课的应用性和实战性，受到了学生的普遍欢迎。为了确保学生的语言技能不受到削弱，《普通高等学校本科专业目录和专业介绍》明确规定：“英语知识和技能课程占专业课比例为50%—60%。”如果按照理想的方案培养，那么商务英语专业的毕业生真的是复合型人才了。

商务英语专业与商学院的相关专业相比，优、缺点都很明显。优点是英语课本身的课时多，英语基本功扎实，但是商务知识和技能课只能是蜻蜓点水，甚至是走马观花，在两个专业之间进行摇摆。一旦课程目标执行不到位，有可能会出现四不像的尴尬情形：英语基本功不如英语专业或翻译专业，商务知识远不如商学院的相关专业（后者是毋庸置疑的）。商务英语专业的学生到最后仍然拿的是“文学学士”学位，但是其课程内涵与培养目标已经与文学渐行渐远了。等到有一天新生的英语基础都很不错的时候，商务英语这个专业能否办下去就是一个问题了。其实,现实的状况是,商学院的主要专业在高考录取时都是热门专业,高考分数相对比较高,进校后在英语课程设置上要远远超过一般专业的英语课程设置。进校时的英语底子加上相对多的英语课程,商学院学生的英语技能不一定比英语专业差多少,甚至根本不差什么。如果英语水平差不多,而商务知识要远逊于商学院,那么还有没有必要继续开设商务英语专业?不仅是学生,就连商务英语教师的前途也令人担忧。他们要去进修商务知识,要去关注商务动向,课堂教学或许解决了,但是其学术生涯如何定位?对很多商务英语教师而言,岂不成了"半路出家"的"半门外汉":缺乏商务学科背景,缺乏理论支撑,缺乏数学思维(经济学的必备条件之一),这样很难发表高水平的学术论文,很难申请高水平的科研项目。他们既不在英语主流学术界中,也融不进商学和经济学界,到最后成了无本无根的"抽象"复合型教师。

这样看来,不管是英语专业还是翻译专业抑或商务英语专业的本科毕业生都不是大纲或目录中理想的办学对象。由于英语类专业的性质及课程设置、师资背景等多种因素的影响,本科生的知识结构和技能水平还是存在较大的缺陷,应付一般的实际工作尚可,但是,要想符合现在形式丰富的大学英语课程体系的教学工作,难度确实不小。幸运的是,与若干年前大不相同,现在的本科生是进不了高校做教师的。但是英语专业的硕士生和博士生的培养质量又如何呢?

第三节　英语专业硕士及博士研究生的课程设置及培养局限

在讨论英语专业硕士及博士研究生的课程设置之前，我们不妨来看看国家对于学术型学位与专业型学位之间关系的定位。

学术型硕士教育以培养教学和科研人才为主，理论性强而应用性不足，而专业型硕士是国家为了克服学术型硕士的不足新增的一种新硕士，培养的是社会和市场紧缺的应用型人才，其特点是操作性强而理论基础相对缺乏。

英语专业学术型硕士的课程设置基本上是大同小异，基本上集中在语言学类、文学类、翻译类及跨文化对比等模块课程上。语言学类课程包括普通语言学、应用语言学、语用学、语义学、社会语言学、认知语言学等，文学类课程包括英美文学、西方文论、文学流派与经典作家研究，翻译类课程包括翻译通论、中西翻译史、翻译批评研究，跨文化对比则包括跨文化交际、英汉语对比研究等。各个学校的课程大同小异，都体现了学术型硕士的理论研究倾向，实践的课程很少。这里的问题是：国内学术型硕士的培养周期是2—3年，大部分学生在第一年或者一年半的时间里完成课程的学习，然后完成规定的若干篇课程论文，煞费苦心地学习痛苦的二外课程，在专业理论上有所涉及,但仍然是皮毛,根本谈不上深入研究,本质上还是纸上谈兵。更为糟糕的情况是,出于功利目的,不少学校在学生刚入学时,甚至是复试时,就进行了导师选择,很早就确定了所谓的研究方向,故而就出现了本来就狭窄的英语专业硕士课程的内部排他性切割:语言学方向的不选文学方向的课,文学方向的不选翻译方向的课,翻译方向的不选文学方向的课…… 即使在一个方向内,由于导师的研究领域各有侧重,也会出现所带研究生顺竿而上的局面,在研究生就读期间往往抓住一个选题不放,最后毕业时也许研究的成果很好,答辩的成绩优秀,但是这个研究生只懂这个选题,其他的什么都不懂。我们不禁要问,难道三年的研究生生涯就是为了一篇论文而来?

这种培养定势产生了一系列的后果。第一,研究生的学术视野比较狭窄,跨方向研究和跨学科研究意识比较淡泊,应付未来学生潜在多元化需求的能力不强,职业转换柔性较差。第二,从书本到书本的行为没有根本性改变,研究生更多做的是文献检索、文献综述、理论探讨、一定意义的(校园)实证研究、自圆其说式的理论呈现,因而出现了怪异但也可接受的现象:研究外国语言学的不懂汉语语言学,研究二语习得的自己课堂教学质量不尽人意,研究文学批评的写不出自己的文学作品(哪怕只是少许的诗歌、散文或小说),研究翻译的只会在直译/意译、归化/异化、化境、信达雅等一大堆理论之间打圈圈而很少能提供令人信服的自己的翻译作品。第三,与本科生就读期间相比,相当一部分研究生在硕士就读期间读得多,而听、说、写、译基本技能反而有所弱化、退化,甚至严重退化。很多硕士生导师在审阅硕士论文时痛苦不堪,痛苦之处不在于论文框架不好，而是要逐字逐句地修改论文中每一句的句法和措辞，甚而根本看不懂到底在说什么，一篇2万字左右的论文要看上数天，如果手上有几篇这样的论文，往往会让导师寝食不安，很多假期都放在无谓的“作文”批改上。在硕士论文盲审及抽检中，语言问题也是反映最多的问题之一。这就是英语专业硕士研究生经常被人诟病的现象：文不能文，武不能武，指的就是英语专业硕士生的研究能力不强，而动手能力又很差的现实。

这种现象当事人并不是不知晓，相当一部分研究生进校后就会自问或互问：“三年后我们能干吗？”除了极少部分学生有考博的意图外，大部分学生都做好了充当“鸵鸟”的准备：课程考试得过且过，很多课程论文可以东拼西凑，研二的时候已经在外实习或考虑成家，有的研三答辩时已是将为人母人父，唯一让他们能把心留在学校的就是那篇让人爱恨交加的学位论文。

以上学术型硕士的培养现状也正验证了硕士研究生尴尬的就业状况。想进本科层次的大学根本无望，现在稍好一点的大学都要求是博士甚至是海归博士，因为他们已经有相当的科研积累。专科类或高职类的学校现在也开始水涨船高，要求具有博士学位或至少是名牌高校的硕士毕业生，而且要求教学质量优秀。中学也难进，一方面是因为编制的问题，另外一方面也是学不能致用的问题，有的中学明确表示不招收语言文学或外国语言学和应用语言学方向的硕士，而倾向于“教育学”一级硕士点下“课程与教学论（英语学科方向）”的毕业生，一进校就能上手，而且熟悉中学的教材教法及新课标等内容。进入翻译公司或外贸公司等外向型单位时，口笔试也成了一道难过的坎，尽管本身还有点“虎落平阳被犬欺”的愤懑之感。

目前英语类专业型硕士只有一种，即翻译硕士（MTI），翻译硕士的培养是个新领域，其中也隐含了不少的问题。

首先是出发点定位不准确。一些高校只是为了学科点数量的需要或者是为了养活一大批硕士生导师（因为国家对于学术型硕士的招生规模已有所控制）；有的是觉得专业型硕士招生形势好，生源充足，利润丰厚；有的是跟风，别人报我也报，先报下来再说。没有充分考虑专业型硕士的性质和定位，没有充分考虑师资的配置和储备问题，也没有考虑盲目上马后的后续处理问题，等等。

其次是课程移植现象。翻译硕士培养最关键的因素就是师资力量，因为该专业明确要求必须有相当大比例的教师具有实践和实战经历。由于历史的原因及高校对于课堂教学教师资质的限制，真正符合翻译硕士培养的师资非常匮乏。在这个背景下，有些高校就将现有英语语言文学等学位点的师资和课程移植到翻译硕士培养方案上，这其实是一种变相的“换汤不换药”。在这些课程体系培养下的学生本质上没有发生根本性的改变，也违背了设置专业型硕士的初衷。有的学校为了能确保申报成功，文字上做了些迎合调整，设置了一些应用型、实践性的课程，有些教师也被生搬硬套式地挂上了主讲教师的头衔，根本不考虑课程开设时的可行性和操作性。有些名义上的外聘实践导师，最多也只是开个讲座，形式要远远大于功能。

再次是过分强调实践。专业硕士的定位是培养应用型人才，但是应用型人才的培养并不应该完全排斥理论课教学，一味地实践、实践、实践，而没有及时有效的输入或可理解性输入，效果不一定很好。这就如同学游泳的人，如果教练只是简单地把学员扔进游泳池，当然一部分学员会学会，但相当一批会被淹死。有些学生通过实践，其翻译能力得到很大提高，但是问题仍然存在。例如只知道译，却不清楚为何这样译，反过来还会嘲笑懂理论的翻译教师："Those who can translate do not teach translation. Those who cannot translate teach translation. Those who cannot teach translation teach translation theories."殊不知他们在不知不觉中已经变成了翻译匠人。这样培养出来的翻译人才缺乏科研发展潜力，学术发展空间比较狭窄，也就完全不可能承担高校英语教学的重任。即使今后英语类设置更多的专业型学位，翻译硕士培养的现状也将是它们的前车之鉴。

最后是过分强调依托优势学科。为了体现跨学科性和基于内容的课程要求，很多高校的翻译硕士采用"傍大款"的方式，强行与本校最强的优势学科结合，例如矿业翻译、航天翻译、农业翻译、食品翻译、机电翻译等（此处请勿对号入座，只是举例而已）。这其中有几个方面的原因：一是内部原因，每次申报专业学位时，都会有名额限制，为了引起校领导的重视（校领导一般是本校优势学科出身），故挖空心思与优势学科联合。二是外部原因，国家希望专业硕士培养国家急需的紧缺应用型人才，而大部分高校的优势学科都是面向国家发展需求的。三是师资问题，翻译硕士的很多课程都是依托内容教学的，传统意义上的一般用途（EGP）的听、说、读、写、译技能训练已满足不了专业学位的培养目标，因此想借助于优势学科的双语师资或海归师资充实和完善依托内容教学的英语课程要求，因为只有优势学科才会有理想的双语或海归师资。但是,这里有几个相应的问题值得关注:一是“单相思”型的学科联合,优势学科的学科科研压力很大,本学科的很多问题都迫在眉睫,怎么可能分身去“屈尊”弱弱的外语学科?“没有无缘无故的爱,也没有无缘无故的恨”,谈不上等价交换,至少你外语学科能为优势学科做些什么?二是并非所有的优势学科都是就业良好型的,即使这个学科是应用型的,那么依托这个学科建立起来的从属专业硕士的就业前景更是堪忧。三是优势学科的双语师资和海归师资的精力肯定不会用在翻译硕士上,这从优势学科内部的双语课程和专业英语课程的现状中就可见一斑。

因此,翻译硕士的培养面临一系列的问题。但不管如何,即使培养的人才既有理论功底又有实践能力,由于学位问题,想进高校从事外语教学,也会因为人才政策而望洋兴叹,再说翻译硕士培养的目标本身也不是面向师资。

既然英语专业的本科生、硕士、翻译硕士都无法成为当下合格的高校大学英语教师,那似乎只能依靠人才培养塔尖上的那个部分:博士。

20 年前的博士招生规模很小,就江苏省而言,只有南京大学招收英语专业博士研究生。那时候的博士真的是凤毛麟角,毕业后基本上都留在所在培养学校或类似层次的高校从事英语专业的教学科研工作,很少分配到一般的省属高校。近年来,博士招生规模有所扩大,在江苏省,有英语类专业博士招生资格的有四所高校(不含军队院校)。但总的来讲,由于对导师科研项目及经费的高要求,每年的招生人数仍然非常有限,导致物以稀为贵。一些高校为了吸引博士,特别是海归博士,纷纷制定优厚的人才引进政策，特别看重他们在读博期间发表的核心刊物论文及博士论文潜在的科研数据（拆分大论文为若干篇小论文或出版专著）。高校对于教师的整体要求趋势肯定是具有博士学位，但是，在英语专业博士培养和使用上普遍存在一些共性的问题。

第一，英语专业博士在招录过程中过分看重前期的科研积累，甚至会出现一俊遮百丑的情况，只要申请人发表了一定数量的核心或C刊（CSSCI）论文，那么就会大大增加录取的机会，特别是在面试环节加分不少。有的导师还特别看重申请人的研读计划，认为一个成熟的研读计划几乎代表博士已经成功一半了。这里隐含的一个问题是，如果一个申请人早就确定了自己的研究课题，或者说前期已经就某个领域做了很深入的研究，那么他的可塑性非常值得怀疑，或者说他的创新意识让人堪忧。视野一旦限定，还能指望有多大的发展前途？更为糟糕的是，和硕士生招生不一样，博士生的招生除了按照方向外，更多的都是面向个体博士生导师的。博士生导师的研究方向一般都是比较限定性的，申请人必须符合研究方向，或者说必须能为博士生导师提供潜在的服务特质才有可能进入导师的选拔视野。这意味着，博士生入学后，他的转身余地很小，只能在有限的空间内最大化自己的研究，有可能对本学科内的其他方向充耳不闻，在自己和导师的"一亩三分地"上"耕耘"，没有"轮耕"的机会，大学科的视野比较狭窄。从某个层面上说，博士研究的越尖端越高深，与大学英语教学越接不上地气，即使到大学任教，也是所学与所教摆脱不了两层皮的现象，因为毕竟大学英语教学不需要这么高深的知识。所以，经常会出现这样的情形：有的博士踌躇满志地进入大学英语课堂，课堂上激情昂扬，指点江山般一点不输给大师，但是最终学生的反应一般，颇有点“对牛弹琴”的味道，常叹“英雄无用武之地”，殊不知这时候 Stephen Krashen 的“i + 1”及“comprehensible input”理论才显得尤其重要（下文会讨论大学英语教师的学位学历要求等）。

第二，经过硕士阶段的损耗，很多博士生的语言基本功不进反退。试问还有多少博士生可以自信地用英文来写博士论文？有的博士生导师坦言：这哪里是改论文，简直就是在改作文！博士生在就读期间，在阅读方面做了大量的工作，但是真正动笔的时间较少。即使动笔，很多情况下也是用中文，因为博士答辩前需要完成的论文基本上发表在国内刊物上。本科阶段的最后一年（实习、找工作等）加硕士阶段的三年（有的是间断性的若干年）再加上博士三到五年的英文基本功的弱化，使得有的博士生导师在批阅博士论文时大呼“伤不起”，有的干脆建议用中文来写作，这样可以减轻工作负担。至于口语，如果在读博期间有较多陈述的机会那还好一点，如果完全自给自足的话，那可能到最后答辩时磕磕绊绊，甚至申请用中文进行答辩了。因为太忙，所以听的机会也就很少。这样看来，读博期间除了阅读能力会有较大提高外，写、说、听的能力是否上升确实是个让人尴尬的问题。而现在大学英语教学特别提倡输出驱动假设下的课堂教学，博士的基本技能的现状能否适应现实的大学英语技能教学的需要也是一个无法回避的问题。（当然，我们这里讨论的都是国内博士的培养。海归博士基本上不存在语言基本功上的问题，但是他们也有自己的困境，例如不易在国内发表核心刊物及C刊论文等。)

第三,不管是本土培养的博士还是海归博士,他们进校后的选择大多愿意留在英语系,而不是大外,因为他们觉得英语系更能发挥他们的特长和专业优势。从另外一个角度看,这也是可以理解的,毕竟学院引进博士及其他高层次人才的目的主要就是加强学科和科研建设,即使是教学,也是更适合英语专业高年级课程或英语专业硕博课程。专攻语言学理论、翻译理论及文学批评的博士到了大外可能真的是英雄无用武之地,施展不了拳脚,也是人才的一种浪费。如此看来,不管是主观上还是客观上,希望用大量的博士充实大学英语教师团队是不现实的。

如上所述,硕士毕业生很难进大学英语教学队伍,博士毕业生不愿进大学英语教师队伍,那么大学英语教师队伍如何建设?目前青黄不接的局面已经形成,大学英语教师内部的恐慌感也是与日俱增。很多学校大学英语教师队伍不仅是在质量上无法得到保障,即使在数量上也是捉襟见肘。除了大学英语教学改革带来的"战斗性减员"之外,每年退休的教师也成为大学英语教师队伍短缺的重要因素,"只有出,没有进"将成为相当一段时期内大学英语教学必须面临的一个重要问题。如果大学外语部和英语专业还属于同一个行政单位,这个问题还可以在内部得到融通解决;如果是分属两个不同的行政单位,那么大学外语部就必须认真思考这个问题了。

第四节 其他类型的大学英语教师

如前所述,广义上的大学英语教师除了狭义上的大学英语教师之外,还包括英语专业的教师、大外聘请的外籍教师及其他专业的专业英语或双语课程教师。

以前只有大学英语基础课程的时候,即使在同一个行政单位,英语专业的教师基本上不会和大学英语的教师融通。最近几年随着大学英语拓展课程的开设,拓展课程师资不足,因此,一方面在加快内部大学英语教师的培养,另一方面为了保证拓展课程的质量,很多学校的英语专业教师开始支援大学英语拓展教师队伍,在自己教的同时,也培养出了一批优秀的大学英语青年拓展课程教师。让人欣喜的是,在培养拓展课程队伍的同时,也培养了一批年轻的科研队伍。这些大外的拓展课程教师原来只上大学英语1—4(少部分上1—6)级基础英语,长年累月就是听、说、读、写的教学研究,现在有机会钻研像英美社会文化、中高级口译、商务英语等拓展课程,他们的科研意识开始加强。教学带动科研,科研反哺教学,拓展课程的开设为大学英语教师的职业发展开辟了新的通道。经过数轮的实践教学,有的大学英语拓展课程教师是青出于蓝而胜于蓝,反过来到英语专业教授相关课程,受到专业学生的好评和赞誉。这批拓展课程教师也成了大学英语教师职业发展的方向标。

很多人都在讨论大学英语教师的职业前途，其实英语专业教师的前途才更值得忧虑。全国那么多的英语专业，近年来生源质量在下降，就业形势在恶化，学科背景薄弱，专业生存的危机越来越大，建设好拓展课程或许将来会成为英语专业转型的最好也是最快的落脚点。因此，有必要提醒英语专业的教师不要看不起大学英语教学和大学英语教师，因为这是一个不争的事实：很多学校因为重视大学英语才会鼓励和支持外国语学院的存在。不是说英语专业不重要，学科发展重要，但是外语学科为全校服务的意识也更要加强。也许有一天，纯外语专业不复存在，但是出现类似国外高校的语言中心将是必然，而这种语言中心的实质就是大学英语的精华浓缩。到那个时候，原先英语专业的教师和大学英语教师将完全融合，专业和职业发展的危机才会顺利渡过。

由于传统及经费上的原因，外籍教师一般都是英语专业聘请和使用的。近年来，随着高校经费预算的好转、大学英语课程多样化及对听说的强化，越来越多的高校开始以各种方式引进外籍教师参与大学英语课堂教学或课外辅助教学。在课堂教学方面，外籍教师主要承担听说的教学任务，外籍教师的参与使大学英语的课堂气氛更加活跃，听说训练效果明显增强，这比中国教师与中国学生之间的英语交流要更自然，当然训练出来的口语也更地道，学生的参与感也更强。与此同时，中国的本土英语教师主要承担读、写、译的教学工作，这也是发挥其长处，实现了与外籍教师的优势互补，避免了一个教师在听、说、读、写、译五项技能教学上的来回摇摆，也避免了什么都教、什么都教不精的尴尬局面。除了教学计划内的英语教学,有的学校还在暑期或短学期聘请专门的外籍教师团队对全部或部分的大学英语学生进行口语强化培训,这种培训往往是全日制、高强度的,并且因为提供的是半课堂、半自然的语言环境,训练的效果非常理想。当然,外籍教师的聘请也给中国本土英语教师提出了挑战。一旦学生适应或习惯外籍教师的教学方式或教学效果,再回到本土教师英语课堂的时候,就会出现某种程度的抵触甚至是抗拒,因而从整体上颠覆传统大学英语的课堂组织。此外,能否保持持续的外教聘请的预算也是一个现实的问题。

将其他专业的专业英语或双语课程教师纳入大学英语教师队伍范畴的目标短期内很难实现。专业英语或双语课程早就有名无实,充其量只是照着 PPT 念念而已,因为很明显,我们用母语能够解释或说明得更清楚的为什么非要用外语？外语应当成为非英语专业学生获取知识的工具而不应当是障碍。当然,在专业英语或双语课程名存实亡的背后还有两个原因。其一,根据教育部的有关规定,一定类型的大学要有一定比率的双语课程,因此即使没有达到双语课程的实际要求,有的高校也会突击整合,把有一定英语基础的专业教师推上双语课程的前台,但由于这些教师英语基础并不扎实,在课堂上是心有余而力不足,离开了教学 PPT 可能会捉襟见肘,有的甚至是举步维艰,常常会出现这样的情形:PPT 读完后就会用中文来解释或扩展。这样岂不是浪费宝贵的课堂时间?！其实,从根本上来看,PPT 上唯一有用的就是那些词典中也有的专业术语,至于日常教学英语,双语教师肯定不及大学英语教师那么精准。其二,由于学制的变化及总课时的压缩,很多专业课本身都是课时紧缺,更不要说专业英语了,因此,很多高校要么是取消专业英语,要么是演变为自主学习课程。原来有个幻想,引进海归教师可以开设更多的专业英语课程,但这里有个明显的误判:引进海归教师绝不是为了专业英语,而是希望他们加强所在学院的科研实力。他们的精力主要在科研,专业英语只是副产品而已。在竞争越来越激烈的情形下,很少有人会重视副产品课程(其实不仅是专业英语,海归教师的精力根本不在教学,科研才是他们唯一的着力点)。总之,指望双语课程或专业英语课程能弥补大学英语教学体系的不足只是一种美好的梦想。从这里也可以看出,为什么理工科特别强势的学校要求大学英语教师开设ESP或EAP的呼声特别高。从本质上看,优势学科就是希望弱势学科做好教学工作,做好优势学科的后勤保障工作。至于大学英语教师能不能、应不应该承担这样的教学工作,下文将会详细讨论。

第五节　小　结

前面讨论了英语专业的生源,本科生、硕士研究生、博士研究生培养和就业的尴尬局面,也讨论了英语专业教师的生存危机,大学英语拓展课程教师的培养,外籍教师的优势和现实,以及双语课程与专业英语的现状及表象背后的原因，我们发现，为了大学英语教学改革的进一步深化和推进，满足学生的实际需求和学校的发展愿景，必须对大学英语教师队伍进行全面的长远规划，在教师优化、转型、培养、引进等方面进行全方位的改革。

人是生产力中最活跃的因素，而教师就是大学英语教学改革中最关键的制约因素。王守仁、王海啸对此客观地做过论述："近年来，教育行政管理部门和学校在培养大学外语师资方面做了大量的工作，成绩是显著的。但是，毋庸讳言，大学外语师资队伍建设仍然存在许多问题，教师的业务素质有待提高。广大外语教师是教学改革的实践者，教学改革能否顺利开展，教学质量能否改进，在很大程度上取决于教师们的积极性、主动性和开拓精神。因此，必须重视大学外语师资队伍建设，做好教师的培养和发展工作。"（王守仁、王海啸，2013：12）

第五章

中国大学英语教师角色的历史转型

在大学英语课程越来越多元化的背景下，需要培养多元化的大学英语师资队伍。多元化并不意味着全能化。就广义上的社会分工而言，专业化分工越来越细，这有助于错位发展和优势互补，也符合当代个性化人才使用和培养的需要。

第一节 技能型大学英语教师

大学英语课程的工具性毋庸置疑,甚至是第一性的,而在这方面,英语五项技能的作用不可替代。

近期对高考英语改革的热议及对全民学英语的非议似乎给英语教学蒙上了一层阴影。英语全民热固然有它的局限和不合理之处,但是,我们要意识到英语全民热是时代的产物。英语在全世界广泛使用,据 Crystal(2001)统计,全世界有 57 个国家以英语为第一语言,67 个国家以英语为第二语言,世界上超过 1/3 的人不同程度地掌握了英语。英语在政治、经济、文化、教育和信息交流中扮演着越来越重要的角色。中国要掌握世界先进的科学技术,迎头赶上西方发达国家,真正融入全球化体系,就必须解决国民的英语语言能力问题。因此,英语教学"不仅仅是一个简单的教学问题,而且已直接影响到我国科技、经济的发展,影响到我国改革开放质量的提高"(岑建君,1998:4)。从这个层面上说,对英语学习的需求是社会性的。作为个体,也就是广义上的英语学习者,对于社会的英语需求必然会做出"潜意识"积极的反应,学习英语的"潜意识"欲望也会增加，这就是英语全民热的时代背景和主观要求。

英语圈外的很多非专业人士仅仅根据目前大、中、小学生学习英语的年限、国内考试的难度及英语国际性考试的分数对比等因素就判断认为，中国国民的英语水平已经较高，并达到了一种“英语学习可以成为自选动作”的程度，这种情绪似乎太乐观了点。我们暂且不谈这些评价人士自己的英语水平有多高，我们只想知道国家的外语政策应该由专业人士还是非专业人士制定。不要以为英语专业人士没有看到目前英语教学中存在的诸多问题，也不要以为专业人士怕改革，怕失去自己赖以生存的饭碗，只不过英语界对待这些问题理解的视角不同，解决的方法不同，改革的思路不同，他们做出的思考才是更具理性色彩的。他们思考更多的不是要不要学习英语，而是学什么样的英语，考什么样的英语，如何评价英语的教与学，以及英语教师如何自我发展等英语本体性问题。尽管英语教学的地位受到了明显的创伤，但是英语界并没有在“抚摸和相互抚摸”。相反，他们在积极疗伤，以更健康的姿态呈现给国民。我们要意识到：由于外部的因素进行变化，那是革命；由于内部的因素进行变化，才是改革。就全国范围的英语教学而言，我们需要的不是革命，而是改革。

我们还有一个担忧。中国有句成语叫“物极必反”，全民热就是一个极端，但全民冷是另一个极端。改革开放30多年来全民英语水平的提高是个不争的事实，这是小学、中学、大学数十万英语教师努力工作的结果。如果英语教学及评价的定位失误或偏激，则会给中国的英语环境带来不可逆转的影响。如果高考英语改革过分弱化英语教学，那么将会严重损害中学英语教师的积极性，学校在师资配备、课程安排上都会有意识或无意识地淡化，可想而知，若干年过后中学生的英语水平将会同比衰退，这也会直接影响大学阶段的英语教学。较过去30年相比，全民英语水平如果出现倒退，恐怕也不是教育主管部门的愿望所在，这与中国加快现代化、全球化进程的现实背道而驰。等到那时候再想恢复强有力的英语教学可能花费的人力、财力和精力将难以想象。

有些专家认为全民英语热对国家安全是个威胁。其理论依据就是萨丕尔-沃尔夫假设(Sapir-Whorfian Hypothesis)的核心思想之一：语言决定思维。在此基础上，Bassnett 作了一个比喻。他把文化比作人的身体，把语言比作人身体的心脏，也就是说，语言是文化的心脏，因此要警惕英语的扩张。(Bassnett, 2004：22)但也有学者指出，文化并不完全依赖于语言，印度人并没有因为讲英语而不再是印度人，讲西班牙语的拉丁美洲人并非全是西班牙人。(王欣欣，2005：15)这种语言与文化之争永远存在。但是在开放的网络时代，仅仅靠堵是行不通的。跨文化交际有三种策略：上位交际、中位交际和下位交际，平等的跨文化交际应该是基于中位交际策略的。中国文化走出去战略、孔子学院的开设、汉语课堂的推广等都是应付英语作为全球性语言的有效策略。互赢也是中国传统哲学的精髓所在。

因此，英语学习绝不应该是弱化的问题，而是有所为有所不为的问题。但英语教学的核心万变不离其宗，那就是听、说、读、写、译五项技能的显著提升。就大学英语而言，如果没有听、说、读、写、译五项技能教学的存在，也就没有大学英语存在的必要了。换句话说，五项技能是必要条件，拓展课程等只能算是充分条件。章振邦早就明确指出:“专业外语必须建筑在普通外语的基础上,否则就成为无源之水,无本之木。就拿英语来说,学好普通英语是掌握专业英语的必要条件,因此我们强调专业英语的重要性丝毫也不意味着可以放松普通英语的教学。”(章振邦,2003:2)五项技能和拓展课程的本末倒置将会彻底葬送大学英语的所有前途。

不管高考英语是否改革,大学英语教学中听、说、读、写、译都要强化,因为我们学生的技能远未达到原先设定的期望值。很多学生虽然考过了 CET-4 或 CET-6,但在语言应用能力上真是捉襟见肘:听不能听,说不能说,写不能写,译不能译(这些都是与理想值相对而言的),即使是最强的阅读也是有很多限定性因素的。从这个角度看,大学英语的工具性完全没有实现,在很大程度上就是花拳绣腿(英语专业的二外课程也是如此)。难怪社会上对于大学英语有如此多的批评。当然,出现这么多的问题不完全是学生的责任,大学英语教师本身的能力和教学方法也值得反思。

在现有的大学英语教师队伍中,是否所有的教师都能胜任现在的大学英语教学?答案应该是否定的。有一部分教师的外语本身不好,而且“忽视自己的继续教育,在听、说、读、写、译方面还在吃大学教育的老本”(赖铮,2010:128)。陈国崇论述得非常具体:“部分教师在读书期间未受到严格与系统的训练,英语基本功不扎实,走上工作岗位后又未能针对自己的薄弱环节认真补课,如坚持收听、收看英语广播电视节目,坚持阅读英语书报杂志(尤其是理论性较强、较抽象难懂的学术著作),坚持用英语写作(包括学术论文),自觉参与翻译实践

(包括口、笔译)。”(陈国崇,2003:51)有一部分教师“长年照本宣科从事重复性、基础性的大学英语教学，非常容易出现语言石化现象(fossilization)”(顾莹,2010:172)。甚至还有一部分教师由于年龄的增长导致自身的英语技能退化,已经跟不上“90后”学生的实际水平和学习节奏。这些教师在课堂上严重缺乏自信心,课堂教学效果差,几乎到了无法维持的局面。如果让家长们知道自己的孩子受到的是这样的英语教育,肯定是会来校理论的,这一点让大学英语教学情何以堪。其实现在已经出现了“串课”的现象,学生不满意自己班级的英语教师而转向其他班级的课堂,只是在考试时“回归组织”。这样的英语教师如何安置?下文会有讨论。

有人批评大学英语教学是一锅永远烧不开的水,但从本质上说,大学英语教学本来就不应该一劳永逸地烧开,而应是开了冷,冷了烧,保持不断的沸腾过程。英语学习就如同煮面条一样,光是加热、沸水煮,面条不一定好吃,而是要不断地加点冷水,这样面条才会更容易烧熟、更好吃。教师的英语技能也是如此。教师要有“拳不离手、曲不离口”的职业精神和工作状态,这样才能在英语基本技能上常练常新、常练常熟。笔者做了6年的教学院长,学校每个学期都会组织学生进行评教,从6年的统计数据看,只要是英语基本功扎实,说、写、译能力强而且善于课堂控制的教师,不管他们教的是什么技能类型的英语课,不管是中老年教师还是年轻教师,得分都非常高,受到学生的普遍好评。实力优势在这个时候显现无疑。其实,绝大部分教师经过若干年甚至数十年的摸爬滚打,已成为一定程度的教学专家,有的年轻教师刻苦钻研,青出于蓝而胜于蓝,成为教学能手，这从近几年全国范围的青年教师授课比赛即可初见端倪。

受到长期以来英语技能教学传统的影响及教学法的浸淫，大学英语教师在听、说、读、写、译单向技能的教学上做了大量富有成效的研究工作，而且已经深深影响了课堂教学，产生了良好的教学效果。特别是大学英语教学改革10多年来积累的大学英语教学的经验，让大学英语教学不仅在内容上而且在深度上都有了较快的发展，可以说，这也是中国历史上大学英语教学取得最大成就的10年。但是这远远不够，学生的英语实际应用能力一直受到诟病，英语基本技能的教学研究和实践没有尽头，这需要一大批大学英语教师继续努力。

当然，受到大学英语拓展课程扩张的影响，很多技能型大学英语教师感到了巨大的压力，有的也确实胜任不了拓展课程的教学。这种情况既是坏事也是好事，下文也会谈到。学校千万不要指望所有的英语教师去做同样的事情，而应该有所为有所不为。学院应该专门培养一批技能型的英语教师，专攻听、说、读、写、译教学，而且要求是精益求精，每节课都要像精品公开课那样出彩，这样教学的效果可想而知。技能型英语教师要精挑细选，语音语调要好，词汇要丰富，语法观念要强，阅读量要大，要写得一手好文章，翻译功底要扎实，上课要富有激情。前面曾提到大学英语的第一属性就是工具性。古语道："工欲善其事，必先利其器。"就大学英语而言，这里的"器"就是教师自己的英语技能。这就要求技能型大学英语教师每天要多听、多说、多读、多写、多译。学生除了英语课还有很多其他的功课，而教师只有英语这个主线，教师的工作量至少应该超过学生，这样才能实现"要给学生一杯水，老师要有一桶水"的目标。

社会上对大学英语教学有很多的批评之声,我们除了反驳之外,也要静下心来反思:CCTV-NEWS的节目我们听得懂吗?我们已经有多少天、多少年远离VOA、BBC了?除了教科书外,我们每天还接触多少英文材料?我们的口语还能和大学刚毕业时相比吗?我们还能确保写出来的每一句英文都很地道吗?我们是不是很抗拒新教材?如果没有备课的时间和比教材厚得多的教师参考书,我们还能自信地进入课堂吗?这些或许会让我们汗颜,但也是不争的事实。这么多年我们仅仅把大学英语教学当作一个职业,而从没有看成是一种事业。"小富即安"的思想在大学英语教师中普遍存在。但殊不知不进则退,我们再拿20年前甚至30年前的语言技能来应付"90后"、再过几年就是"00后"的大学生几乎是自欺欺人了。"意识是走向解放的第一步"(Fairclough,1989:1),大学英语教师必须意识到自身存在的问题,直面问题,"鸵鸟"思维是解决不了问题的,"自助者天助"是永恒的原则。从另外一个角度看,我们既然做了大学英语教师,既然希望在这个教学舞台上一展身手,就要以严肃的态度对待自己的角色。

技能型大学英语教师有了奋斗的目标也就不会再整天忐忑不安,也就不会再东一榔头西一棒,而是专心于自己擅长的技能教学,追求卓越。技能型大学英语教师要有信心,不管大学英语今后怎么改革,其工具性永远是第一位的,关键是我们要满足这种工具性要求。当然,大学英语的管理者也要主动在技能型教师的培养和发展规划上出一些新举措,以便更好更快地适应下一步的教学改革。

第二节 技能＋技术型大学英语教师

随着信息技术的推广和普及，作为辅助教学的数字化教学手段越来越丰富，也越来越受到各方面的广泛关注，从PPT的制作、在线答疑、网上批改到成绩管理、后台监控等都需要一批懂技术的教师参与。外语学院原有的一批纯技术人员技术上没有问题，但是在技术与外语教学的概念整合上存在先天性缺陷。

上一节讲的技能型大学英语教师中，有一部分由于年龄、历史及个人兴趣等原因在教学技术运用上有所保守，但是他们充分利用黑板、白板、语音和手势等传统的多媒体、多模态方式也可以将大学英语课堂开展得红红火火，教学效果丝毫不逊于一些大量借助于数字技术的教师。文艺方针讲究“百花齐放，百家争鸣”，大学英语教学改革也应该允许有这样传统型的教学力量，作为教学师资的有力补充。

与此同时，技能型大学英语教师中也有相当一部分教师（特别是年轻教师）对于计算机、数字技术掌握得炉火纯青，他们紧跟时代的步伐，充分融合新一代大学生基于数字技术的生存状态，以全方位的大学英语教学技术环境重新吸引游离于课堂之外的学生回归课堂，在他们的课堂上声、色、形立体感强，浸入式氛围浓厚，课堂互动活跃。我们称这类教师为两栖型的“技能+技术型”大学英语教师。

随着大学英语教学改革的推进及入学新生英语水平的逐渐提高，技能型课时逐渐在压缩，技能型教师的规模也有所减小，因此，对于传统的技能型教师和技能+技术型的教师，在教学安排上应该有所侧重，前者基于课堂，后者基于课堂但又超越课堂。具体安排来说，可以安排传统的技能型教师稍多一点的课堂教学，技能+技术型的教师可以相应地少安排课堂教学，另外再安排配比式的技术性任务，以保证教学工作量的均衡。这里的技术性任务除了针对技能+技术型教师本人的任课班级外，也要涵盖传统技能型教师任课班级的技术要求。也就是说，发挥大学英语教师中技术人才的集中优势，在课件制作、视听材料准备、试卷命题、成绩分析系统等方面为整个大学英语教学做好服务工作，这样可以避免人人都做技术这种明显是资源浪费的情况。所在学院可以成立专门的技术小组，其中包括技术型教师和专职技术人员，以问题驱动为导向，发现问题，解决问题，做好大学英语教学的技术保障工作。

由于工作方式不同，与传统技能型教师相比，技术型教师的工作时间和物理空间相对自由，这就给管理者提出了问题：如何体现和评价技术型教师的工作量和工作质量？传统技能型教师课堂上一节课就是一节课的工作量，他们的工作量计算很简单，但是如何确定技术型教师的工作量？可以采取以下几种方法：第一，按照教师平均工作量给予计算；第二，按照项目整体计算，由技术小组负责人根据小组成员的具体工作分配。在这个过程中，如果技术型教师觉得技术课时还不如课堂课时那么合算,那就可以采用提前招标的方式,将项目配套课时公开,配套课时可以酌情上浮,鼓励、激励有实力、有激情的教师参与学院的技术辅助工作。传统技能型教师的教学质量评价主要参照学生评教的结果,而技术型教师的工作质量则由任务完成情况、同事评价、学生评价三方面组成。从这个角度看,技能型教师的评价更多注重过程,而技术型教师的评价更多注重结果。因此,理论上技术型教师的物理工作空间可以是泛在的:办公室、实验室、图书馆、家里。这样的理念在实体型社会环境中能否被接受是个问题,因为肯定同一单位的有些人会说:"这不公平!怎么可能不来上班?"但是反过来可以问问这些人:那要数字技术干什么?正如学生泛在学习环境的构建一样,虚拟化办公已经成为趋势,在图书馆、杂志社等单位运行良好。大学英语教学改革的一个细节方面就是观念的变革,其中包括工作方式的变革及生存方式的变革。

当然,有个非常现实的问题,那就是技术型教师在技术上花的精力是个无底洞,时间久了就会上瘾,成为"技术控""Pad控""网络控"等,而且他们会逐渐养成"追求完美"的习惯,为了某个技术细节可以琢磨上几个小时甚至数天,短期之内还不会影响什么,但是如果10年下来,会发现这些教师在职业发展上还是有缺陷的,其中最主要的就是职称问题。和技术所代表的虚拟化类似,他们的工作也呈现虚拟化的特色,但现行职称的评审条件和标准都是有形的,需要规定课时、论文、项目、获奖等来支撑。职称评审条例里一般都会规定申报高一级职称的课时要求,但是,由于技能+技术型教师放弃了一部分技能课时,导致规定授课课时不足,当然这个问题还比较容易解决。

只要学院和学校沟通一下或者解释一下，或者在文件中做个附加说明（跟双肩挑行政干部一样），课时问题也就迎刃而解了。但是职称条件中的论文问题就很棘手了。现在晋升副高职称都需要一定数量的论文，有的学校要求核心刊物论文，还有的学校要求一定要有C刊（CSSCI）论文，这对于大部分痴迷于技术的英语教师来讲基本上就是可望而不可即的目标，笔者身边以及所熟悉的其他高校外语学院的很多技术型教师都是如此。除了时间和精力投入太多的因素之外，这其中还有几个原因：一方面，聚焦教育技术和教育信息化的核心期刊数量非常有限，有限的资源也被专业地从事教育技术和教育信息化的专家学者优势性地拥有。另一方面，这些专家学者所撰写的论文在理论深度、专业视角及宏观把控上也会优于一般的技术型外语教师，后者更多地在微观层面做了一些缺乏系统性的感悟性思考。即使有几本外语类聚焦技术的核心期刊，也很少成为普通教师发表的阵地，况且由于各种各样的原因，这些为数不多的专业期刊还经常会辟出与技术毫无关联的专栏以讨论所谓的教育或教学热点问题，使得外语教育技术发表的园地越加紧缺。当然，也有人会说，不是有的技能+技术型教师也能发表核心刊物论文甚至是CSSCI论文吗？但那毕竟是凤毛麟角，少得可怜，绝大部分技能+技术型教师退休时仍然还是个讲师。虽然他们为大外改革做出了重要的贡献，但是就个人的职业发展而言无疑是失败的。他们“装饰了别人的梦”，可是很少做自己的梦。

第三节 技能+技术+管理型大学英语教师

大学英语教师队伍中可谓人才济济，除了技能型、技能+技术型大学英语教师外，还有一部分教师基本功扎实，课堂教学效果优良，同时善于管理，我们称之为技能+管理型教师。一部分教师精通技术，同时精于管理，我们称之为技术+管理型教师。此外，还有一小部分教师基本功扎实，课堂教学效果优良，关注信息技术与计算机技术，动手能力强，同时更重要的是他们还具有较强的管理能力，我们称之为"三栖"教师，也即全能型教师。

这里的管理分为多个层面：分管大学英语教学的教学院长、大外部主任、课程组长、后台管理人员等。

各个高校都很关注大学英语教学，因为牵涉到的学生面广量大。以前各个高校之间比的是大学英语四、六级考试通过率，现在有的高校已经开始淡化大学英语四、六级考试，更关注大学英语在高校国际化进程中扮演的角色和所起的作用。可以毫不夸张地说，大学英语教学已经不仅仅是一门课的问题，而是高校人才培养的重要环节和因素。现任教育部高教司司长张大良曾经在江南大学说过："没有强大的外国语学院，就不可能有强大的江南大学。"我们都知道，这里强大的外国语学院绝对不是专业，而是指大学英语教学，当然专业强了，也会为大学英语教学改革提供更多的师资和课程保障。因此，在教学研究型高校和教学型高校中，对大学英语教学的重视非同小可。在稍好一点的综合性高校或多科性高校中，即使外国语学院在学科和科研上下再大的力气，永远也不可能赶上本校的强势学科或优势学科。高校一般来讲有四大功能：人才培养、科学研究、社会服务、文化传承。外国语学院可以根据自己的情况，有所为，也有所不为，这样才能在平原上竖起一座座山峰。外国语学院在加强专业建设的同时，要更多承担为学校服务的主要功能，而大学英语教学正是这样的载体。

在这种背景下，分管大学英语教学的院长会想尽一切办法，在大学英语长远规划、课程设置、教学模式、师资培养等诸方面殚精竭虑，发现问题，解决问题，不甘落于人后，创新的思想层出不穷，思想的火花随时碰撞，催生出了形式各异、内容丰富的大学英语教学改革框架。在这个过程中，大学英语的主要管理者在实践中总结出了很多很好的经验和教训，尤其是在对国家政策的理解、消化及校本政策的制定和实施等宏观层面做了大量的思考，衍生出了一大批来自于实践的优秀成果，为大学英语教学改革的进一步推进和深化做出了积极的贡献，这比那些“小富即安、自娱自乐、只为个人私利而做的两层皮的科研”（江南大学校长陈坚教授语）要更有社会性，更具应用性。我们希望分管大学英语教学的院长们具有更多的奉献精神，增强责任心和使命感，在大学英语教学改革上多下功夫，多钻研，多出成果，这样惠及的面会更广，内心也才会更踏实。

大外部主任的作用主要包含两个方面：一是上传下达，二是规划组织。在上传下达方面,尽管大外部主任可能会或多或少地参与前期的政策制定,但由于思考的角度不同,在理想与现实之间的平衡度方面可能与学校或学院的整体安排有所出入,但是又必须不折不扣地执行既定的政策,这就必须向普通教师做好解释工作,而解释工作本身就是很好的厘清思路的过程,也是学习和提升的过程,因为要换位思考为什么上面会这样安排,如果想通了,也就可以说在宏观把握上又进了一步。当然,作为大外部的管理者,在政策实施的过程中肯定会遇到实际的困难,有的困难是教师主观配合的问题,有的困难则是政策欠缺或不周全导致的,前者可以靠思想工作来克服,后者必须通过分析问题、提出建议等手段及时向学院汇报以期完善政策或方案。在这个过程中,大外部主任不能仅仅提出问题,而必须善于解决问题,提出解决方案,这是一个主动思考的过程,有可能会产生新想法,创新的举措也会出现,这种"归纳式的思考"就是良好的教学科研方法,思考研究的成果也是最具现实性、最具功效性的。在规划组织方面,除了参与学院层面关于大学英语教学改革的宏观政策制定讨论之外,大外部主任也要利用自身位置的特殊性和优势,在教师配备、教师培养、设备要求、后台管理、课程群组织等各方面做好规划和组织工作。大外部主任有更多的机会外出与同行交流,取长补短,这种横向型的视角是普通教师所不具备的。在综合调研的基础上,大外部主任会形成自己的思考,会有自己的思路,也会为学校提供的各种教学质量工程项目探索实施有效路径,进而衍生出一批高质量的教学研究成果,言之有据,说服力强,为下一步教学改革的规划打下坚实的基础。大学英语教学改革已经到了攻坚战的时期，大外部主任规划组织的功能应该要远远强于上传下达的功能。大外部主任的关键作用，使得不少外国语学院的分管院长兼任了大外部主任，以确保在规划组织上更加协调一致。此外，如果是专业出生或归属的院长分管大外教学时，大外部主任其实相当于没有职位的教学院长。从各个角度看，大外部主任都是大学英语教学改革的关键人物。正是其关键作用所催生的责任感和紧迫感，使得绝大部分大外部主任都能在同龄人中脱颖而出，在教学、科研、质量工程建设、教学管理等多方面都取得了长足的进步，在职称等体现个人职业发展的显著标志上都有所突破，可以说他们都是大学英语教学平原上的一座座山峰。这就是管理岗位带来的综合性和嵌入式效益。

由于大外部教师人数较多，仅靠一个大外部主任或副主任还是远远不够的，因此几乎所有大外部都会配备一定数量的课程组长。尽管课程组长是大外部最小的管理人员，但是其作用不可忽视，特别是在基础英语课程与大量拓展课程并存的现状下，每个课程组长负责一门课程或一个课程群，其工作大到该课程/课程群的教学计划、评估方式，小到教材选择、讲义编写、试卷出题、阅卷、登分等，可以说是这个课程的大管家。面对新形势下学生给予的压力和挑战，课程组长还要承担教学研讨的重任，将平面的课堂教学提升到立体化的教学—科研—教学—科研的螺旋式管理模式，久而久之，课程组长就成了所负责课程的能手和专家。以前的课程组长很多是由富有经验的老教师担任的，以确保常规教学的开展和落实，但这其中也有一个缺点，那就是思维上过于保守，创新不足，基本上属于课程的“维持会”。近年来，课程组长的配备有了新起色，各个大外部启用了一大批有思想、求改革的青年骨干教师担任课程组长，有力地推动了大外各基础技能课程及拓展课程的建设。在基础技能课程方面，各课程组长在常规管理之外，对听、说、读、写、译等技能的教学展开了深入的研究，由于收集到的信息是第一手的，因此研究的成果具有很高的信度，也具有较强的推广性，可以说课程组长在听、说、读、写、译的微观教学研究上优势是非常突出的。尤其值得关注的是，自从大学英语拓展课程开设之后，各个高校都花费了大量的精力来进行拓展课程的规划和组织工作，形成了内容丰富、形态各异的拓展课程体系。在拓展课程欣欣向荣的背景下，催生出了一批拓展课程的管理者与课程组长。长期习惯传统课程教学与管理的教师不适应新型课程的挑战，于是那些不满足于技能教学的新生代年轻教师便主动担起了拓展课程建设和管理的重任。万事开头难，大学英语拓展课程的规划和建设需要从英语类专业得到启示，这时候拓展课程组长的视野不再是单一的或纵向的，而是横向比较的，既吸收自专业又区别于专业，要考虑大学英语教学的对象，因而在课程的规划上是创新性的。在这个过程中，课程组长第一次突破了大学英语的樊篱，开始思考更高层次的课程建设，这对自身的职业发展和科研都起了很好的推动作用。

在数字化高度发达的今天，大学英语教学，尤其是基础技能课程的教学，已经不再局限于传统的课堂教学，而是将计算机辅助教学、移动设备教学、泛在化教学等各种手段和模式嵌入到大学英语教学的各个方面。如果说课堂教学是前景化，那么课堂外的教学管理就是背景，就需要强有力的后台管理。早期大学英语教学是没有后台管理的，个人负责自己任教的班级，新学期开始将所教班级学生的信息导入学习系统，网上答疑也只是针对自己的班级，各人负责自己班级平时成绩的管理，这样几乎每个人都在做同样的分散的工作，既浪费了人力和精力，也不利于统一管理。此外，由于历史、年龄、兴趣、专长等方面的原因，不可能要求所有的教师承担越来越精细化的分工所带来的各项工作要求，而应充分考虑教师的差异化，最大限度地让教师有所为也有所不为。后台管理需要更多的技术和技术思维，学院可以组织精干的后台管理团队，将学生信息导入、网上出卷、自主学习、平时成绩管理等工作集体承担。这个团队成员的课堂教学工作量可以减免，其教学任务可以部分移交给不承担后台管理任务的其他教师。后台管理团队充分将课堂教学与教学管理结合起来，他们获得的学生学习过程的数据和信息是第一手的，从中可以发现学生学习的自觉性、自主性，教师教学的有效性、差别性，设备配置的合理性、前瞻性等，可以称得上是外语教学的CIA。此外，这些数据和信息来自于大规模的学生群体，其可信度是非常高的，这比几十、几百人的问卷调查要有效得多。后台管理团队可以利用这些数据和信息向学校提供教学模式、教师配置、学生管理、评价方式等多层面的建议，也可以纵横向比较，发表非常“接地气”的教学管理类文章，将教学、管理、科研全方位地结合起来。

大学英语教学改革的全过程需要一大批善于各类管理的教师团队，无论是技能+管理型，还是技术+管理型，抑或是技能+技术+管理型，他们都为大学英语教学改革所取得的每一点成效做出了独特的贡献。这些管理型教师在为大学英语课程奉献的同时，也锻炼了自己，成就了自己。

第四节 EGE和ESP课程教师

前面讨论了英语技能型教师、技能+技术型教师、技能+技术+管理型教师，都是在传统意义上的教师范畴框架下来进行讨论的。在“英语教学费时低效”“英语学习无用”“全民英语水平普遍提高”“英语退出高考”“英语退出高校必修课”等舆论和呼声的引导下，大学英语基础技能课，不管是基于课堂的，还是基于技术的，都受到前所未有的质疑和挑战，几乎所有的高校在大学英语学分配置、课时安排及师资规模上都做了大幅度的削减，有的高校从16个学分减为12个学分，有的减为6个学分，而有的高校干脆规定新生大学英语四级考试通过后就可以免修大学英语。大学英语教师在这种改革浪潮中诚惶诚恐，今朝不知明年情，职业恐惧感日益加深。

在这种情形下，大学英语教学管理层开始反思并重新规划大学英语的课程设置，一方面是为了大学英语课程的长远发展，另一方面也是为了保护大学英语教师的职业生存。他们将大学英语的外延逐步扩大，配合性地压缩基础技能课时，辅以各式各样的EGE或ESP课程，力求大学英语软着陆式课程改革。各个高校的EGE或ESP课程各具特色，校本的、区域性的、本土的、国际视野的，层出不穷，也衍生出了众多的各级精品课程或课程群、EGE 或 ESP 教材、教学论坛、专业杂志及专业的组织机构，呈现“星星之火可以燎原”的态势，一时间 EGE，特别是 ESP 课程风靡校园，每次教学研讨无不言及 EGE 和 ESP，有的学校还成立了专门承担 EGE 或 ESP 教学的大学英语部。

在高举 EGE 或 ESP 课程建设大旗的背景下，一些大学英语教师开始了主动或被动的转型。

第一种情形：有些大学英语教师在基础技能课教学方面感到压力很大，因为本身听、说、读、写、译的技能随着时间的推移已逐渐呈现退化趋势，其视觉、听觉功能跟不上数字化时代的要求，课堂上无法面对新生代学生的快速反应，因此基础技能课的教学举步维艰。EGE 课程的开设拓展了这部分教师的教学内容，他们可以凭借多年的积累或者本身的兴趣，在知识传授方面发挥其长处，避开了基础技能教学的短腿。打个比方，如果原先基础技能课教学满分为 2 分，这些教师的教学状态仅为 1 分，但是在 EGE 教学过程中，这些教师的英语使用程度仍然为 1 分，但是其知识传授得分可能为 0.5、1，甚至是 2，这样总得分就为 1.5、2，甚至是 3。这种情形和英语专业类的部分教师非常相似。后者由于语言基本功的天生缺陷或被学生的同化或由于自身年龄的增长导致的技能退化，无法承担英语专业一、二年级基础课的教学任务，而只能主讲 EGE 课程，这些教师往往知识背景丰富，人文底蕴深厚，再加上还过得去的英语底子，形成了 1(技能) +1(知识)复合型教学的格局，也能受到学生们的喜爱，有的 EGE 课程甚至成为学院甚至学校的品牌课程。

第二种情形：有些大外教师基础技能课教学效果很好，但是自我感觉时间一久,年复一年地重复同样的技能课,在专业知识上鲜有进步。为了在职业发展道路上能走得更远,这些教师(特别是年轻教师)主动转向,承担知识深度较高、专业方向更加明确、跨学科研究面更宽的EGE教学,这样虽然编制在大外部,但是在科研上保持了和英语专业教师的同步,实现了教学和科研的双向融合。这部分教师由于语言基本功好,同时又能提供充分的知识支撑,其课堂教学往往比以前更受欢迎。同样拿分值打比方的话,以前教基础技能课时,这些教师可以得2分,现在加上充满活力的知识课程1分或2分,总分就可能达到3或4,这些教师无疑会成为大学英语课堂教学中最具综合平衡型的群体。他们进退有余,不管是保守型的基于语言技能型教学的语言中心,还是极端取代型的EGE、ESP扩展,都会有他们施展能力的舞台。

第三种情形:还有一部分很特别的教师群体,他们因为教学安排的需要,长期在某个学院担任英语教学工作,因而和所在学院建立了长期的联系,耳濡目染,久而久之,对该学院的某些学科或专业产生了兴趣,在大学英语基础课教学之余,开始琢磨甚至研究相关的特别用途英语,如设计英语、食品英语、化工英语、物联网英语、机械英语等。他们是ESP课程的主要推动力之一,也是最大的受益群体。由于ESP课程主要涉及所在学校的强势或优势学科资源丰富、经费充足,因此很多的优惠政策都会惠及ESP教师,除了发放特别教学奖励之外,在短期国际交流、横向项目经费资助、科研成果报奖、教材出版等方面都会让这些ESP教师享受到原先大学英语教师无法企及的待遇。有的国家重点学科有自己的权威或核心刊物,甚至有的还出版全英文期刊，因此也会请这些 ESP 教师参与英文摘要、英文审读、英文编辑等工作，这一方面锻炼了他们的英文实际应用能力，另一方面也潜移默化地提高了他们对于专业知识的理解和深化，反过来更加促进了 ESP 课程的教学。有的教师如果在专业上研究较深，甚至可以转化为越来越稀缺的专业英语教师。有些高校为了保住大学英语教师的饭碗，主动出击，化整为零，将大外教师拆散，分到可以开设 ESP 课程的学院，从编制及行政归属上彻底与外语学院剥离。但正如上文所述，由于外语教师的学科背景及思维方式与理工科专业之间存在的巨大差异，这一类的 ESP 教师群体仍然是少数。而且，这其中会出现很多尴尬的情形：有的教师申报职称有经费要求，因此利用在经费充足的工科学院工作的优势，近水楼台先得月，获得了与某个工科项目相近的横向课题，有时经费还很可观，但是这样的横向项目与拟评专业职称的相关性明显不足，导致在职称评审表上就是彻头彻尾的鸡肋，有时候甚至起了意想不到的反作用。有的教师在专业教师发表论文的过程中做了大量的语言修改和润色工作，为了补偿，后者将前者也放在论文作者之列，但既不是第一作者，也不是通讯作者，因此在职称评审中也不起任何关键作用。因此，将大外部教师化整为零分散到专业学院的做法值得商榷，毕竟从职业发展的长远角度看，这对相当一部分人而言似乎不是最理性和合理的做法。

第五节 管理服务型大学英语教师

单列一节来描述有特殊的时代背景的不具备普遍意义的特殊群体。

中国的高校发展到今天已经层次分明,在满足人才培养、科学研究、社会服务、文化传承四大功能的基础上,逐步形成了市属高校、省属高校、省部级共建、部属高校的归属划分,师范类高校、工科类高校、综合性高校的学科划分,普通高校、"211"高校、"985"高校、"2011"计划高校的层级化分,教学型高校、教学研究型高校、研究教学型高校、研究型高校的目标划分。在教学研究型高校、研究教学型高校、研究型高校建设过程中,教师面临着前所未有的科研和教学压力。在科研方面,很多大学英语教师由于长时间教学任务的繁重、家庭的责任、科研意识长时间的淡薄等因素,导致重拾科研之任要么是无心无力,要么是有心无力,整日生活在科研的重压之下,越发觉得跟不上学校发展的脚步。在教学方面,很多大学英语教师还沉浸在传统的教学方法中,把10年、20年甚至30年前自己所受的教学方法甚至教学内容"移植"到如今的"90后"甚至"00后",在知识储备、交流沟通、媒体技术、课堂组织等各方面都与时代产生了一定的脱节现象,与学生也产生了较大的代沟,在科研无法进展的状态下，可谓是雪上加霜，本来是期望一条腿走路，现在两条腿都软了，对于很多教师而言，教师职业发展本身处在进退两难的尴尬境地。在这个时候，一些高校出台了形式各异但性质一致的教师转岗的政策，迫使那些既无科研潜力，教学上又感到举步维艰的教师离开教师岗位，转投社会服务、后勤保障、科研管理、教学辅助等岗位。

这里我们要特别关注的就是管理服务型大学英语教师。管理服务型大学英语教师有两层含义：一是这个群体主要的任务就是管理服务，已经不再承担曾经钟爱或者厌倦的课堂教学；二是这个群体中的一部分与通常意义上的管理服务人员有所区别，虽然离开了教师岗位，但是由于多年的教学积累，对英语教学仍会在相当长时间内念念不忘。学院可以充分发挥这些教师的积极性和自愿性，为学院的社会服务、教学辅助做出新的贡献，做到人尽其用。在这个过程中，还是要区分三种情况。

第一种情况：原先科研较差但是教学效果优秀的年轻大学英语教师可以安排在社会服务岗位上。各个高校的外语学院都承担或多或少面向社会的外语培训工作，包括雅思、托福、四六级、考研英语等培训及市场潜力巨大的企业外语培训，但目前这部分的市场基本上掌握在一些专门的培训机构或学校。原先高校外语学院在培训市场上的劣势主要是教师科研压力大、后顾之忧多、教学任务繁重、奖励机制不到位等因素导致的。现在部分优秀的教学能手，特别是年轻的教学骨干，转到了社会服务岗位上，他们可以甩开科研的包袱及原先教学任务的束缚，钻研以前那些在高校校园内不屑一顾、嗤之以鼻的但又有着巨大市场潜力的各种国际或国内考试课程。这些教师一旦心无旁骛,加上机制到位,经过一段时期的锻炼、适应、打磨和包装,他们在市场上的品牌和影响力在与品牌培训机构的竞争中绝对不会处于下风。这部分教师可以称得上是离开教师岗位的教师。从这个意义上说,大学英语教师的积极"下海"对于个人和学院来讲未尝不是最佳的选择。原因如下:这些年轻教师由于原先的学历、学位及对科研的不感兴趣,导致工作压力大、生活质量差、教学积极性不足,现在全身心做自己喜欢的教学工作,一方面还在大学工作,对于外人来讲,工作体面,另一方面在经济收入方面会有改善,此外还可更好地接触了社会,沟通与社交能力也得到了提升。

第二种情况:有的转岗教师虽然教学效果良好,但是不愿意或不适合在市场上谋求进一步发展,同时他们又不愿意完全放弃英语这个背景,这时候学院可以利用这些教师的教学优势,将他们安置在教学辅助岗位,如后台管理,包括在线答疑、面批、出题、成绩管理等。虽然刚开始这些教师碍于面子还会抱怨"我又不是教师"之类的,但是经过学院的真诚沟通与协商,这些教师能够安心于现有的岗位,积极配合一线教师做好各种辅助性教学任务,这样既节省了一线教师的精力,同时又给自己的英语技能不断地润滑,不至于在很短的时间内功力全废。在当今社会,英语已经成为一个必备的生存工具。即使站不了传统的讲台,也可以辅导自己和别人的孩子,这也是做了另外意义上的英语教学工作。有时候接受现实要比反抗现实要幸福、理性得多。从经济的角度看,这些转岗教师的收入并没有降低,反而是有所增长。现在各个高校都会从教师的绩效津贴中拿出相当一部分用于年度考核，少则几千元，多则数万元，而且一般来讲大部分教师是拿不回去自己的份额的。与此对照的是，行政语音室人员的量化考核很难，一方面他们不会拿出自己津贴的一部分用于考核，基本上属于旱涝保收，另一方面他们还有额外的奖金，其参照数往往是教师的平均数再按照级别或岗位乘上一定的系数。两个方面加起来，年终分配时，行政语音室人员会比相当一部分一线教师的收入高出一截。从另外一个角度看，这部分转岗教师的生活幸福指数也会升高，因为一线教师除了课堂教学外，还要备课，晚上还要思考那些永远折磨人的项目、论文、考核等一系列问题，他们的工作时间远远不止 8 小时，而转岗教师一般除了早上比较忙碌之外，通常下午会比较空闲，上上网，聊聊天，淘淘宝，晚上则是完全的轻松。随着高校教职工收入的逐年提高，其待遇与工作强度比已经高于现有的公务员系列。从这个意义上看，转岗教师应该知足常乐。

第三种情况：有的转岗教师原来既不做科研，教学效果又差，教学科研两条腿处于瘫痪状态。在这种状况下，转岗势在必行，否则不仅是对不起学校，更是对不起家长，对不起学生，误人子弟绝不是空话。事业单位的人员聘用改革实行数年，但是进展缓慢，这主要还是观念和执行度的问题。终身制的思维在现有教师群体中还广泛存在，以为不管怎么样现状都会维持到退休，都不会有太大的变革。久而久之，部分教师就变得懈怠懒散，整天沉醉在数十年前大学就读时的辉煌中，殊不知时代发展得太快，不进则退成了无可回避的现实。有的教师整日怨天尤人，怀念以前“无拘无束的时代”，成了“端起碗来吃肉，放下碗来骂娘”的常客。在转岗过程中,这些教师一会儿指责学校人事政策的武断性,一会儿指责学院工作的不透明,却从不反思自己客观方面存在的问题,反思“人无远虑必有近忧”的深刻道理。坦率而言,高校的教师转岗政策在很大程度上还是很人性化的,因为只是转换一种岗位,而不是下岗或待岗,而且事业单位编制不变,待遇基本不变,没有针对性的专项考核指标,可以说在很大程度上是保护性和保障性的。这种情形延续下去,势必会形成另外一种惯性,即人浮于事,不仅干扰了原先岗位上勤勤恳恳的行政教辅人员,也在很大程度上打击了广大教师的积极性,更加深了行政教辅人员与教师之间的鸿沟。因此,在一定程度上,这部分教师的转岗是把双刃剑。对于这部分转岗人员必须制定更加严格、科学的管理制度,在合适的时间退出或半退出机制必须出台,前者完全进入社会,后者只保留退休后的基本待遇。当然退出机制能否实施要取决于事业单位体制改革的彻底程度。

大浪淘沙,适者生存,高校将不再容忍不思改变的岗位不适应者。高校体制改革首先就是人事制度的改革,大锅饭不应成为高校改革永远打不破的壁垒。行行出状元也许是转岗教师永恒的座右铭。

第六节　小　结

技能型大学英语教师、技能+技术型大学英语教师、技能+技术+管理型大学英语教师、EGE和ESP课程教师及管理服务型大学英语教师等类型的划分，让大学英语教师的职业发展具有了多种选择，“英语教师完全可以根据学校的需求和自己的个性需求来选择适合自己的发展道路，这将有利于教师的优化配置，实现教师的个性化发展”（邓正君，2013：295）。

面对大学英语教学改革的浪潮，除了即将退休受到政策保护的老教师以不变应万变之外，大学英语教师做出了各种各样的调整，有的是主动的，有的是被动的，但是不管怎么样，大学英语教师原先的安逸状态已不复存在。对于变革的大环境，有的大学英语教师无所适从，几轮改革下来逐渐被淘汰；有的一直在观望，但是反应过来为时已晚；有的则乘势而上，实现了自身的成功转型和升级；有的甚至挖掘出自身最大的多种潜能，成为大学英语教学改革中不可或缺的多面手，成为无可替代的大学英语精英师资。“物竞天择，适者生存”“穷则变，变则通，通则久”同样适用于大学英语教学改革。对于一浪高过一浪的大学英语教学改革，可以用当下流行的一句话来表达：留也恋，走也恋，根叶相连连；静不易，动不易，且行且珍惜。

第六章

中国大学英语教师的培养、引进与融合

大学英语教师是个庞大的群体，大学英语教师中出现的各种问题大多由来已久，主客观方面的因素也很复杂。大学英语教学改革应遵循循序渐进的路线，不搞一刀切，不搞硬着陆，分门别类、分类统筹管理才是解决大学英语教学改革中各类问题的主要策略。

第一节 尊重历史，保持队伍稳定，鼓励积极转型

完整意义上的大学英语教学分为两个阶段：一是改革前（2004年前），二是改革后（2004年后）。改革前的大学英语教学遵循传统，按部就班，整齐划一，步调一致，大学英语教师的职业生活也比较有规律，这恰如1992年前的国家经济形势，平缓而稳定。在这个过程中，20世纪80年代前后毕业的大学英语教师经历近20年的安逸生活，已失去职业新鲜感，更主要的是他们没有“狼来了”的威胁，职业奋斗的意识不强，为今后“丛林法则”的不适应性埋下了隐患。这种集体的无意识直接导致了英语知识更新换代与教学能力提升的完全阻滞，逐步演化成思维缓慢、不思进取的中年人。马克·吐温曾经形容当时的部分美国东部人：“All the slow, sleepy, sluggish-brained sloths stayed at home.”（反应迟钝、精神不济、愚钝不堪的懒汉都躲在家里。）而这部分慢节奏的教师可以说同样成了留在大学英语教师队伍中的“slow, sleepy, sluggish-brained sloths”。随着大学英语教学改革的试点、全面铺开及逐步深化，这部分教师工作适应感严重缺乏，其“职业肌肉”已经处于萎缩或半萎缩状态，

在很多管理者眼里变成了可以转型或淘汰的一大群体。这个群体上有老下有小,生活的压力相对而言可以说是很大的,他们几乎整日处在焦虑之中。

在这个阵痛的过程当中,我们要清醒地意识到下面几个问题。

第一,20 世纪 80 年代国有企业纺织女工纷纷下岗,自谋出路,这一方面是由于纺织女工本身知识层次较低,适应不了纺织新技术带来的革命性变革,同时机器代替人的现实不可逆转,另外一方面是由于纺织行业本身面临战略或区域调整,这就从根本上颠覆了大部分纺织女工的存在理由。但不管怎么样,纺织女工为“文革”后百废待兴的民族工业的复兴起到了积极的作用,她们的历史贡献不容遗忘。与纺织女工一样,中年的大学英语教师在高等教育普及化及高校扩招的浪潮中,为数量激增的大学生英语水平的普遍提高也做出了历史性贡献。他们辛辛苦苦,任劳任怨,平均教学工作量可以说是所有学院、所有专业中最多的,他们赚的钱就像纺织女工那样的辛苦钱一样,很多人到退休时仍然是个讲师,在职称至上的高校,讲师的退休金无疑是给过去的职业生涯打了一记响亮的耳光。现在大学生英语水平普遍提高的成绩离不开过去 20—30 年大学英语教师的投入及营造出来的良好的英语学习环境和氛围。在日益浮躁和功利的大学校园内,这些平淡、朴实、无华的中老年教师对于青年教师和莘莘学子而言也是某种意义上的精神坐标,他们仍然在发挥现时的历史作用,或许 20—30 年过后我们仍然会像现在一样怀念他们为基础教学所做的一切。

第二,在轰轰烈烈的大学英语教学改革的背景下,很多新事物、新概念、新技术层出不穷，让人眼花缭乱，无所适从，似乎原先的中老年教师已经完全跟不上趟。但是冷眼看大外改革时，我们会发现，英语教学与众多的知识型教学不同，人际对话与人机对话各有优势，传统的人际对话在基础课程教学方面的优势是十分明显的。基础英语教学不是快餐，它需要长时间积累方能显现效果，这种慢节奏与中老年教师的生活工作节奏是相吻合的。就像听说法与语法翻译法的区别一样，前者更多需要的是反应，是激情，是那种青春活力型；而后者更多需要的是逻辑，是理性，是那种娓娓道来型。无疑，大多数中老年教师属于后一种情况。现在大学英语课堂流行一种听说教学法的做法，PPT + 视听设备 + 表演让大学英语课堂活泼、生动，多模态感十足。但是，我们不禁要问：轰轰烈烈的表象背后，学生的学习效果到底如何？就听说课而言，很多听说课教师口若悬河，滔滔不绝，像是单口相声，更像是“80 后”“90 后”脱口秀，听说课变成了“听老师说”的简称。若干年来，语法翻译法受到了前所未有的质疑，教师课上不讲词汇，不讲语法，不讲翻译，听说法占据了主导地位。我们当然不否认听说法的用途，但是针对成人外语学习者，完全使用听说法将会培养出只会听、只会说的“半文盲”，而且听和说也远未达到预期效果，出现了“丢了芝麻，西瓜也没捡着”的尴尬境地。理性来看，语法翻译法对于大多数成人外语学习者来说仍然是最有效的方法之一。青年教师擅长或推崇听说法或许有两个原因：一是跟风，什么流行就追什么；二是能力，语法翻译法需要非常扎实的语言基本功，包括词汇学、语法、中文功底，但这几个方面都是目前“80 后”“90 后”青年教师的软肋，甚至是致命环节。在这个意义上，青年教师选择听说法而非语法翻译法,也是不得已的选择。现在还有个趋势,就是各个高校都在大力开发拓展课程,而淡化基础课程。可以想象,这样的情形如果持续10年或20年,大学生的英语基本功或基本技能将会出现严重的倒退。英语教学的核心离不开基础英语教学,这是前提和必要条件。EGP是EGE和ESP的基础,地基不牢,英语教学的大厦终将坍塌。听说法、语法翻译法、EGP、EGE、ESP各取所需,兼容并蓄,才是大学英语课程的生存之道。法语中有句名言"Chaque chose a sa place",相当于中文中的"各就其位"。中老年的大学英语教师完全可以适应目前及将来大学英语基础课程教学的需要(当然工作责任心不强、懒散、懈怠的教师不在此列)。因此,不管是主观的需要(学校对于中老年教师的人文关怀、家庭责任的需要等),还是客观的需求(基础英语课程的重要性及教学方法的适合性),保持中老年教师队伍的相对稳定对学校、对学院、对个人、对大学英语教学都具有现实的必要性。

第三,各个高校在生源上参差不齐,专业差别也很大,即使在"985"和"211"高校,也存在艺术、体育、美术(简称"艺体美")学生,甚至还有民族生,而且很多高校这类群体的学生人数还在逐年增加。这些学生的英语水平较低,有的要从大学英语预备级开始学起,有的干脆上《新概念英语》。新生代的青年教师虽然在年龄上与这些学生不存在代沟,但是在潜意识里对这些"差生"的抵触情绪很强,不愿意教,即使教也会出现很多的不适应,冲突不断。而中老年教师因为本人有相近年龄的子女,可能从理解度上更甚于青年教师,更能妥善处理跟这个时期独立且逆反心理尚未减退的学生之间的师生关系。对于这个群体的英语课堂教学，教学本身已经变得不是最重要，重要的是耐心、细致、体贴和循序渐进，这种教学可以说是温馨的"妈妈式的教学"。如果换成是青年教师，有可能会针尖对麦芒，或许会产生火花，而这种火花会烧伤对方。因此，在安排"艺体美"等特殊学生群体的教学任务时，应该遵循"适合的才是最好的"用人原则。在这个过程中要尽量避免安排脾气急、火气旺的中老年教师担任个性张扬、风格迥异的学生的教学工作，避免"婆婆"式的连锁反应（坦率地说，这部分教师也不适合其他类型学生的教学工作）。

当然，尊重历史，保持队伍稳定，并不是维持现状，鼓励或默许教师不思进取。某些特殊群体的教师也应该尊重学校的现状，尊重自己的职业，尊重学生的根本利益，尽最大可能去适应学校发展的步伐，适应课程改革的需要。在基础课教学中应竭尽所能地学习新技术，利用网络、计算机等加强辅助教学，将传统教学与现代教学相结合的效果肯定要优于单一的教学模式。同时，在基础课教学总体压缩的大背景下，部分尚有余力的教师可以考虑积极主动转型，承担某些特殊的后续拓展课程，如托福和雅思的阅读、写作课程。从这个角度看，并非所有的后续课程都对中老年教师是抗拒和排斥的。这些课程对于他们来讲，也并非遥不可及，首先要克服心理上的障碍，同时要消除对于后续课程的误解。老教师在后续课程中也有自己的一席之地。

由于基本技能（特别是听说能力）的下降，有些中老年教师可以考虑减少课堂教学工作量，而承担更多的传帮带的工作，将自己多年来的教学经验传授给青年教师，特别是将在教案设计、授课逻辑等方面的经验毫无保留地传授给青年教师。此外,可以突破传统意义上助教必须是年轻人的概念,让青年教师站在一线讲台,而让中老年教师发挥答疑、批改作业等方面的优势,实现合作教学,优势互补。这一方面可以解决中老年教师课堂教学工作量不足的问题,同时也可以让青年教师腾出更多的时间用于科研,毕竟后者的生存压力时间更长更大。

需要特别指出的是,如果一部分中年教师(45 岁左右)对课堂教学、科研定位等方面都已失去信心和工作动力,最好主动转型,转到上文中提及的某些岗位,或者图书馆外文编辑室、其他学院的外事秘书、教师发展中心等需要英语背景的岗位,重新启程也可塑造新的梦想,这远比每年都提心吊胆、悬在半空中的感觉要好得多。理想与现实的平衡是最明智的。

和企业纺织女工下岗不同,大学英语教师的转岗、转型只是事业单位内部的人才优化组合,目的是人尽其才。这种转型不仅仅是针对大学英语教师,所有基础课教师及专业教师都会面临这样的职业转换。不管怎么说,这种转型的背后,是学校充分尊重历史,尊重这部分教师曾经的知识获得的过程,尊重他们在相当长的一段时间内为本校人才培养做出的虽然平凡但是具有基石性的一线工作。正是有这样的出发点,学校、学院才会挖掘、增补本来并不急需的某些岗位以妥善安排转型转岗教师。其实这种流动在企业内部,甚至在公务员、事业单位内部是再正常不过的事情,例如从人事部到销售部,从发改系统到科技系统,从党务部门到业务部门。岗位之间本身无高低之分,无贵贱之别。原先这些系统间、系统内调动的最大阻力是所谓“灰色收入”的多少。现在随着中央反对“四风”活动的深入开展，系统间、系统内的"收入差别"将会明显好转。高校则不一样，岗位之间没有"灰色收入"差异，更多的是坐班与不坐班及教师原有的面子问题（特别是在文科）。前者与懒散有关，后者则与虚荣有关。随着高校各项工作的快速发展，即使原来是象牙塔的高校也不会容忍这种懒散和虚荣。严谨、求实、高效才是留在高校的三大法宝。"埋怨，只是一种懦弱的表现；努力，才是人生的态度"（外语教学与研究出版社华东信息中心主任王建平语）。面对大学英语教学改革的浪潮，需要转型或主动转型的教师可以牢记英语中的名言作为指导："A pessimist sees a calamity in every opportunity; an optimist sees an opportunity in every calamity."（悲观的人遇到机遇时看到的是灾难，乐观的人遇到灾难时看到的是机遇。）

第二节　鼓励全才技能型向专项技能型教师的转变

回到前文中讨论的历史上的阅读领先还是听说领先的问题。中国的现代化、国际化进程的确需要具有综合应用能力的英语人才。如果一个人的听、说、读、写、译综合能力全面发展，那自然是最完美的结果。但是仔细分析一下，到底是对阅读能力的人才需求多还是对听说能力的人才需求多？恐怕这不能靠拍脑袋，凭感觉办事。"语言政策必须经过认真的调查才能

颁布,不能由少数人主观说了算。”(赵世开,2002:5)

对阅读和听说能力的人才需求关键取决于大学生的就业领域。涉外企事业单位或部门与涉内企事业单位或部门对于英语技能的总体要求是不同的。即使在一个行业或单位内,英语技能需求也不尽一致。如在高星级涉外饭店,前台接待、预订部、餐厅、酒吧等部门对于听说的要求比较多,而在工程部工作的员工则有更多的阅读需求。遗憾的是,我们无法对阅读能力要求和听说能力要求的比例做一清晰界定,因为需要进行的调查涉及的面太广,地区差异、行业差异也很大。但不管怎么说,阅读和听说有着各自存在的现实性和合理性。

2004 年以前的《教学大纲》将大学英语教学目标定位为以阅读为主。现颁布的《大学英语课程教学要求》(下称《课程要求》,教育部,2007)要求“鉴于全国高等学校的教学资源、学生入学水平以及所面临的社会需求等不尽相同,各高等学校应参照《课程要求》,根据本校的实际情况,制订科学、系统、个性化的大学英语教学大纲,指导本校的大学英语教学”,似乎比以前灵活了好多,但仍然指出了大学英语的教学目标是“培养学生的英语综合应用能力,特别是听说能力”。这就给各地、各高校在具体实施《课程要求》时设了一个先决条件:必须以培养听、说能力为主。这里的“个性化”是针对“各地区”“各高校”个体情况而言的:办学定位、类型和人才培养目标。具体建议是大学阶段的英语教学要求可以分为三个层次,即一般要求、较高要求和更高要求。在三个层次的要求中,听说能力都是居主导地位的。

这里需要指出的是,不管是以培养阅读能力为核心的《教学大纲》还是注重听说能力的《课程要求》，都只关注到了社会的主观需求，而忽视了社会的实际需求，忽视了社会实际需求中的语言能力细分要求。实际上，不管教学目标的中心是什么，大学英语教学基本占据了本科生总学分的10%，而且不论地区、高校、专业，大学英语课听、说、读、写、译全部要上。我们要意识到，除非我们的学生是“天才、奇才”（张尧学，2008:4），否则很难在听、说、读、写、译五项技能方面都达到很高的程度。此外，五种能力的全面提高，也需要充足的国家教育资源，至少在硬件、师资、国际交流等方面都需要大量的投入。而目前我国的教育资源非常有限，中国教育投入占 GDP 的比重经过多年的努力方才达到4%，在很多地区、很多高校，教育经费的缺口很大。因此，对有限的教育资源要尽可能避免损耗和浪费。既要对不同地区、不同高校的不同需要不同对待，更要考虑经济成本代价，考虑大学生学以致用的经济原则。最主要的是，社会对于英语五项技能的需要越来越呈专业化趋势，没有必要规定所有的学生必须以阅读或听说为主。如地质专业或农学专业的学生（如果所学专业就是今后职业的话）将来主要是阅读外文文献，因此阅读能力要强一些，而旅游、国贸专业的学生听说能力就要强一些。2010 年颁布的《国家中长期教育改革和发展规划纲要（2010—2020 年）》明确提出：“关注学生不同特点和个性差异，发展每一个学生的优势潜能。”（http://www.china.com.cn/policy/txt/2010 - 03/01/content_19492625_3.htm）因此既不能对不同地区、不同高校进行一个标准的要求，也不能对同一地区、同一高校内的学生进行“一刀切”的要求。除了可以根据专业进行相对要求外，还要根据学生的学习兴趣加以区别。我们知道,“兴趣是学生学习最好的老师”(龚晓斌,2007:3)。学生要学,而不是要学生学。(注:为了表述方便,这里以听说和阅读区分为例,并不是排除写和译的参与,下面将有更详细的说明。)

总体而言,大部分高校现有的大学英语课程设置主要有以下几个不足之处:

- 课程设置的层次尚不够清晰,未能满足不同人才培养的需求,在一定程度上学生的学习能动性没有得到充分的发挥,学生实际外语能力发展也受到一定的限制。
- 课程设置多从语言能力培养目标出发,而非人才培养,功能性不强,难以完全满足学生英语交际能力的提升及未来就业与海外深造等需求。
- 虽然拓展课程在质量和数量上都有所突破,但结构不是十分合理,以接受性技能训练为主,而表达性技能课及专项性考试课程不足,因而不能达到大学英语教学改革“重应用与交际”的既定目标。
- 由于受到一定的条件限制,学生选课并没有真正做到自主与放开,只能选择与自己的水平级别配套的课程,难以满足学生的多元化与个性化需求。

2010年人文江苏系列研究重点课题(外语类)“‘多元化’客观需求观照下的大学英语教学目标定位研究”课题组(龚晓斌、宣冷、仇亦倩、李建等)于2011年5月在教育部直属“211工程”重点建设高校江南大学进行了一次全面的校内调研,共发放调查问卷680份,回收671份,其中有效问卷共640份,无效问卷31份。调查对象为江南大学2007级、2008级、2009级和2010级的在校学生，涉及学校15个学院非英语专业的学生。近3/4的受访者支持大学英语教学应实行分技能模块（指听力、口语、阅读、写作、翻译等模块）教学，从而使学生能根据自身情况选择性地学习（见图6-1）。90.16%的受访者支持大学英语教学应考虑学生专业和兴趣的结合（见图6-2）。充分考虑专业和兴趣的结合，才是真正的因材施教，才是真正彻底的“人性化”教学。

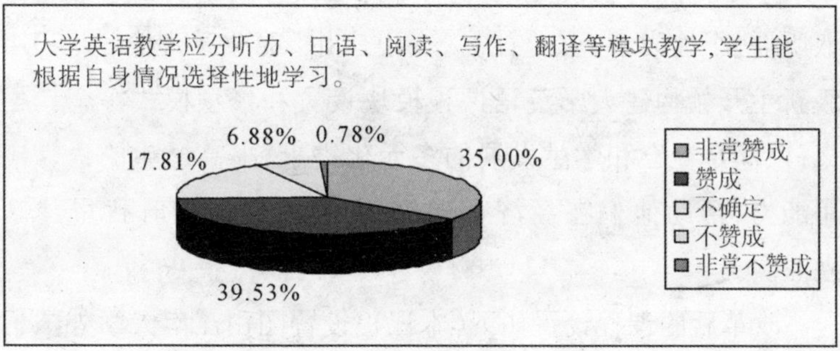

图6-1　分技能模块教学意向统计

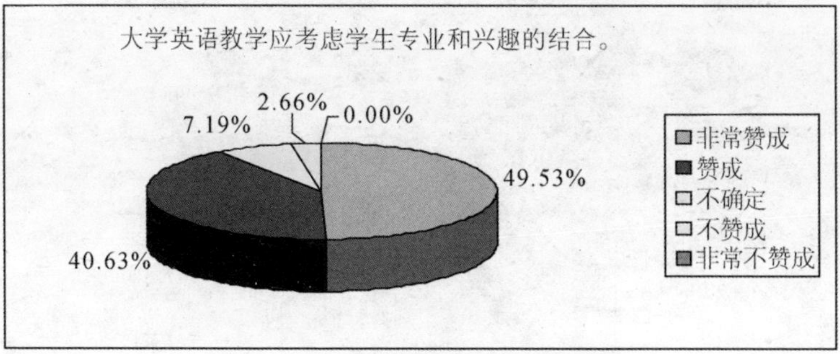

图6-2　按专业和兴趣教学意向统计

该课题组建议将大学英语课程(含后续拓展课程)分工更加具体化,学生根据自己专业的需要和自己的兴趣,或者缺什么补什么,或者进行营养性学习,也就是在某些英语技能上追求卓越。当然,学生的专业和兴趣不总是一致,教师在积极的引导之外,要充分尊重学生的学习兴趣,强拗的瓜不甜。学生学习的动机明确,动力增强,学习的效果自然而然会提高。

在该课题研究的基础上,江南大学作为教育部大学英语教学改革示范点高校,根据学校对于人才培养的新要求,秉持“各取所需,个性发展,强化能力,突出应用”的改革理念,从2014级新生开始构建大学英语课程模块设置和修读模式等全新框架,以满足社会和学生发展的多元化需求,提高学生的语言应用能力,帮助他们在经济全球化、文化多元化的时代里建功立业。

改革后的课程设置如下(本课程设置图由江南大学外国语学院龚晓斌、刘丹丹等人设计):

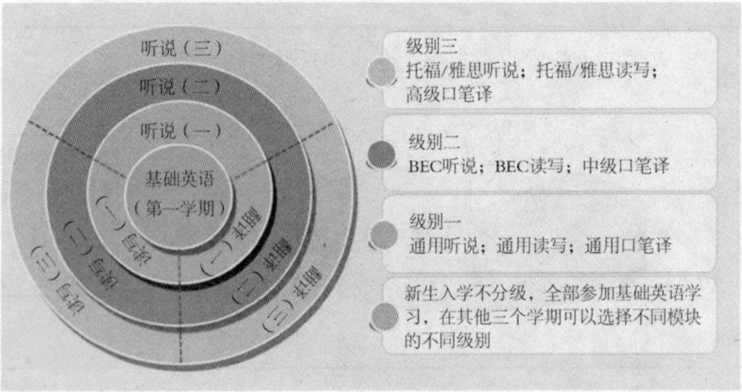

图6-3　江南大学2014版大学英语课程设置图

课程特色如下：

• 课程模块层级分明，符合教育部《大学英语课程教学要求》提出的三个不同英语教学层次：基础课程与级别（一）课程对应一般要求，级别（二）课程对应较高要求，级别（三）课程对应更高要求，从而满足不同英语层次学生的需求。

• 课程设置契合学生需求，摈弃宽泛的低关联度课程，开设学生真正所需的课程，如技能训练课程（读写课，听说课，口笔译）；职场英语课程（BEC 读写与听说）；出国通行证课程（托福、雅思读写与听说），为学生搭建提升语言应用能力与跨文化交际能力的平台。

• 课程模块既与高中英语课程衔接（基础课程），同时又注重输出与实际应用能力培养（其他模块），从而可以有效改变"聋子英语"与"哑巴英语"的现状。

• 课程进行综合技能教学的同时，尊重个体差异与职场需求差异，注重培养单项技能，从而在有限的课程时间内达到最佳教学效果，使学生中的专才与通才并存。

• 学生进校不分级，在完成第一学期的基础课程后，学生根据自己的实际情况与需求自行选择不同级别中的不同模块，由"他诊"转为"自诊"，真正做到自主自助。

• 课程定位更加聚焦与明确，有助于集中师资，做出特色课程。

针对这一课程设置，学校还专门制定了全新的修读模式（本修读模式图由江南大学外国语学院张玉勤设计）：

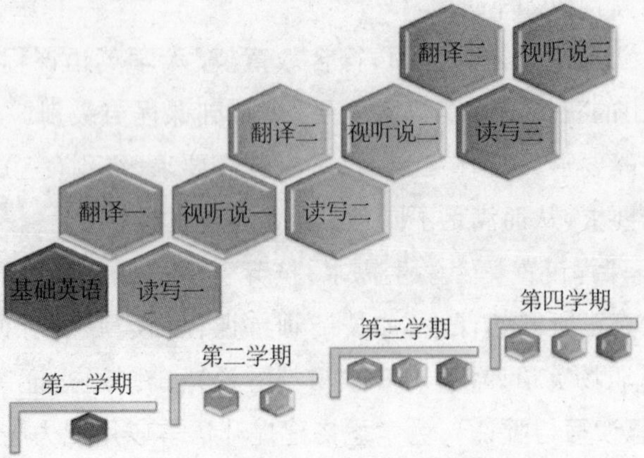

图 6-4　江南大学 2014 版大学英语课程修读模式图

新课程设置下的大学英语教学组织将放弃原先的以年级为单位的系部或基础部 + 拓展部编制,代之以基础部、听说部、读写部、翻译部分开的“俱乐部制”教学单位。教师将根据自己的特长,寻找归位。如 A 教师特别擅长听说教学,那他可以加入听说教学“俱乐部”;如 B 教师既擅长读写又擅长翻译,那他也可以加入两个教学“俱乐部”。这种课程设置下的大学英语教学可以充分发挥教师的长处,扬长避短,将自己最擅长的一面展示给学生。同时,教师可以避免战线过长,在听说、读写、翻译之间疲于奔命,而集中精力在某些模块教学上。这种安排还有一个好处,以教学促科研,教师在一两个模块领域精雕细琢,必然会有深入的思考和积累,而这正是科研的前提和基础。教学带动科研,科研反哺教学,是大学英语教师最为理想的职业规划路径。(龚晓斌,2009:38)邓正君在论述大学国际化为英语教师提供的多元化的职业发展途径时也提出了类似的主张："改变'千面一孔'的大学综合英语教师身份，成为听、说、读、写、译等专项语言技能的专门教师。教师可根据自己的兴趣和能力对其中的某一或几种语言技能，从选择怎样的教学内容、教学方法、如何进行策略和技能训练、达到怎样的教学目标等进行潜心研究，对这些语言技能开设难度从低到高的系列课程，供学生选择。"(邓正君,2013:295)

上面的课程设置保留了一个学期的基础英语教学,一方面是为了让大学新生在入校后有个英语学习的过渡阶段,其间可以穿插检测、导学、自我定位等环节,为今后的英语学习明确方向,另一方面也是为部分中老年教师保留了一块立足的余地,让他们安心地在这个基础教学阶段年复一年地耕耘,夯实学生的基础,为后面的模块学习打下较为坚实的基础,这也是保持队伍稳定的一块阵地。

俱乐部式的教师定位为教师专项技能的发展提供了很好的契机,但同时也是巨大的挑战。在原来什么都教的情况下,教师可以根据自己的擅长,避开不感兴趣或能力不够的内容,或者对每个技能都是蜻蜓点水式地点到为止,完全属于"粗放式的教学"。现在一旦选择了某个模块的教学,那么就必须刻苦钻研,精雕细琢每节课、每一章节、每个练习。以前教基础课时是 know something about everything,现在则应该是 know everything about something,也就是说,专项技能型的教师应该就是该领域的专家,不应该再以"语感"等字眼来搪塞学生。如果把教师比作医生的话,那么基础英语课的教师就是"全科医生",而专项技能型的教师就是"专家门诊"。

第三节 吸纳英语专业教师、双语教师、专业英语教师

原先的大学英语教师的范围很窄,主要是因为授课的内容主要是基本技能,但随着 EGE、ESP 等课程的大量浸入,大学英语的课程体系越来越丰富,仅靠原有的大学英语教师已经不能完全满足立体化课程的要求,必须因地制宜地补充和充实大学英语教师队伍。这其中包括以下几种情况。

第一,英语专业教师。传统上有个概念,英语专业的教师比大学英语教师具有优越感,因为进校的时候一般都是"好"学生进入英语专业的。这里的"好"有两层含义:一是学习成绩好,面试表现出色,基本功扎实,特别是若干年前招聘的一些本科、硕士研究生;二是学历学位高,特别是博士,经过系统的科研训练。两者都希望在英语专业施展手脚,前者关注的是教学,而后者重视的则是科研。不管怎么样,他们大都对专业教学情有独钟,而对大学英语教学轻描淡写,甚至是贬低藐视。因此,经常会出现这样的情况:大学英语教师想往英语专业调,而英语专业的教师无论如何也不愿"放下身段"担任大学英语的教学工作。长期以来,英语专业和大学英语之间的矛盾已然成为不争的事实。但更为不争的事实是,自 2004 年以来大学英语教学改革如火如荼,成果斐然,而英语专业的改革就像温

吞水，举步维艰，改革的阻力巨大，这其中最大的阻力不是来自学生，也不是来自课程，而是来自教师本身，来自教师的思维定势。吃老本、故步自封、自娱自乐的思想弥漫绝大部分的英语专业，致使专业改革步伐缓慢，人才培养质量下滑，社会认可度逐年下降，连续数年被教育部亮黄牌甚至红牌。即使在这种局面下，仍有相当多的英语专业不思进取，得过且过，耽误掉了大好的转型机遇，有的英语专业减少招生规模，有的甚至下马。英语专业的下马对于外语学院来讲是个致命的打击，直接决定外语学院的存在与否。在“温水煮青蛙”的过程中，很多原先功底尚可的教师失去了自我，不仅在科研上毫无建树，而且在教学上也是新意乏陈，立足不稳。在这种情形下，英语专业教师加入大学英语教学团队已是不可避免。这里可以分为两种情况：首先，需要调整的英语专业教师可以担任大学英语基础课程的教学工作。俗语道，“瘦死的骆驼比马大”，可以发挥英语专业教师基本功好、教学方法丰富的特点，为大学英语整齐划一的课堂教学增添一道亮丽的风景线。其次，英语专业教师的加盟可以解决很多大学英语后续课程（特别是 EGE 和 ESP）的师资储备不足的问题。传统意义上的英语专业课程分为英语专业技能、英语专业知识和相关专业知识三种类型，而后两类课程中很多和 EGE 及 ESP 课程有相似性和相通性。为了避免课程设置、师资培养、教材建设等方面的重复建设，可以在后续课程激增、同时英语专业教师富余的情况下，安排部分适宜的英语专业教师进入大学英语教学部，专门承担大学英语后续课程的教学任务，与原先只能承担大学英语基础课教学的教师相得益彰，各有发展，更加丰富“俱乐部”式大学英语教师队伍的建设视角,也更加坚实“俱乐部”式大学英语教师队伍的建设基础。

第二,双语教师、专业英语教师。前面提到,广义上的大学英语教师包括其他学院的双语教师和专业英语教师,但与狭义上的大学英语教师在概念上是完全不同的:编制不同、背景不同、学科不同、主业不同。曾几何时,也有大学英语的管理者希望把双语课程和专业英语课程纳入大学英语的课程体系和学分体系,但这样的建构只是为了大学英语表面上的完整性和大学英语学分的充足性,具有一定的理想主义的色彩,殊不知双语课程和专业英语教学的现状是多么的尴尬,其维系基础是多么的脆弱。更为危险的是,一旦这样的课程建构付诸实施,最后可能会落个搬起石头砸自己脚的局面,因为大部分学校的领导层都来自理工科学院,不管双语课程和专业英语课程的现状如何,他们或许仍会坚持认为这些课程对于他们来说要比狭义上的大学英语课程更为实用,更能为专业服务。这样的思维很有可能促使他们做出增加双语课程和专业英语的学分或课时数而削减大学英语基础课的决策,这样也就从根本上继续削弱了大学英语的生存基础。当然,大学英语这门课程是学校的校管课程,绝不是外语学院或大外部的本位课程,为了大学英语课程本身的建设,为了修读大学英语课程学生本身的利益,大学英语课程的建设者和管理者应该抛弃本位思想,从大局出发,充分考虑课程设置及学分设置的合理性。考虑双语课程和专业英语课程的形式化和弱化趋势,强行将双语课程和专业英语课程纳入大学英语的课程体系看起来并非是个合理的思路。大学英语基础课加上 EGE 和 ESP 课程的组合优化才是大学英语课程体系的核心。前面讲过,现有的狭义上的大学英语教师可以承担大学英语基础课和 EGE 课程的教学任务,但是,对绝大部分的 ESP 课程简直就是有心无力,即使勉强上也是赶鸭子上架。ESP 课程和英语专业的相关专业知识课程有相似之处。就英语专业相关专业知识课程的教师而言,他们大多只具有英语语言文学的教育背景,让他们来承担相关专业知识课程的教学,他们的"专业知识难以深入"(常俊跃,2007:39)。因此,"期望英语教师经过一两个学期的培训就来开设其他专业的基础课程,是不切实际的,也是对学生不负责任的做法"(何其莘等,2008:431)。那么,英语专业相关专业知识课程的师资问题如何解决呢?有两种解决方法:一方面,由于英语专业技能课的改革将会节省一部分师资,可以鼓励其中比较有潜力的教师转向力所能及的相关专业知识的英语教学工作,如人文社科类的课程。另一方面,要充分借助所在学校其他专业开设的双语课程,特别是普及性的相关专业知识双语课程。在一些重点高校和综合性大学,随着大量海归教师的加盟,再加上国家优质教学资源建设中对双语课程建设的力度不断加大,给其他专业开设一些基础的双语课程的条件也越来越成熟。每个学院如果能够开出 2—3 门英语专业所期望的相关专业知识课程,那么,一所综合性大学就可以为英语专业提供非常丰富的相关专业知识课程菜单。这些来自于其他学院的相关专业知识课程的教师完全可以为本专业的学生开设 ESP 课程。

这里最大的问题是:有能力开设 ESP 课程的非英语专业的教师是否愿意开设看起来非主流的课程呢?解决这个问题可以有以下几个方法。

首先,学校要意识到大学英语这门课程不是外语学院的单一的纯归属化的课程,在很多学术型高校,特别是“985”及“211”类型的高校,培养学生的国际化视野已经变得越来越重要。学生的国际化视野除了通过书本获得外,更重要的是有走出去的机会,到世界上高水平的大学去实地看看,去亲身体验一下国际化视野的课堂和实验室。但是,不是说想出去就能出去的,除了合适的项目及充足的经费外,还要满足申请对方学校必备的语言要求。现在很多国内的高校每年都有一些指标甚至很多指标用于本科生的国际交流,但是有相当一部分的指标没有用完,这其中主要的原因就是学生达不到国际语言考试的要求。要想真正成为国际视野的高校,管理层必须高度重视大学英语课程的建设,首当其冲的就是师资队伍的建设。除了引进合适的、急需的英语师资外,更应该因地制宜,发挥校本师资资源,充分挖掘全校潜在的大学英语师资,包括非外国语学院的英语教师。当然,仅靠行政命令不是长久之计。学校应该从更高的角度看待大学英语课程在学校国际化进程中的重要作用,鼓励并支持非外国语学院的英语教师担任大学英语课程(特别是ESP课程)的教学任务,同时在职称评审、国外研修、ESP精品课程建设、教材建设等多方面给予政策性倾斜,以解除这些教师的后顾之忧。

其次,有些优势学科学院在本科生国际人才培养、国际办学、国际交流等方面规划到位,信心十足,但唯一让他们感到为难的就是英语课程的师资配备,他们迫切需要外国语学院或大外部能够派出最好的教师团队承担他们学院的大学英语课程。在这种情形下,外国语学院可以和这些学院充分协商,采用barter(物物交换)的最原始方法,即外语学院派出他们希望的大学英语基础技能教师团队,但同时对方也必须提供高质量的 ESP 课程师资,共同为学校打造最为全面、最为合理的大学英语教师团队。这就如同英语专业相关专业知识课程(如商务方向)或者商务英语专业的师资建设一样。商学院的学生英语基础较好,国贸班的课时较多,这都需要外国语学院在大学英语教师的选派上用尽心思,也可以说,每个学校的外国语学院都为商学院的繁荣局面做出了不可否认的贡献。因此,在英语专业相关专业知识课程(如商务方向)或者商务英语专业商务方向核心课程教师的配备上,外国语学院可以理直气壮地要求商学院提供师资支持。当然,外国语学院的优质师资也是有限的,不可能满足所有学院的要求。不过,有些学院也并不需要传统意义上的优质师资,如艺术、体育、美术等专业,他们需要的是耐心型、循循善诱型的教师。因此,外国语学院大学英语课程教师的安排可以算得上是"排兵布阵",以争取大学英语课程的"利益最大化"。这种"利益最大化"不是小众的,而是面向全体修读大学英语课程的学生。师资配备的有所为有所不为也是集约性的,或者说是协同式、资源共享式的。这需要大学英语课程的管理者投入更多的精力与各个学院打交道,实现"平衡外交"。

最后,有些非外国语学院的英语教师在本学院的生存压力很大,每年都要面对挑战性极强的科研项目、科研获奖、科研经费等考核指标,当他们面临职业发展天花板时,不如及时转身(也许不是华丽转身),转到科研压力相对较少但同时又能成为紧缺人才的外国语学院从事大学英语教学工作,于人于己都是件好事。这比把大学英语教师分散到各个学院去教力所不能及的 ESP 要合理得多,后者也是强人所难。当然,对于这些加盟 ESP 教学的新成员,外国语学院要重点关心,给予工作上的必要帮助,如果达到若干人数的话,可以成立专门的 ESP 教学小组,让他们最大限度地发挥所长,保留相对独立的工作空间。

但有的学者,如罗娜(2006,2013)认为由专业课教师讲授 ESP 课程的做法存在根本的导向性错误,ESP 课程成了专业课教师的副业,没有语言教学理论指导和外语科研能力的专业课教师授课直接导致了该课程的费时低效和我国 ESP 科研的停滞不前。这里需要澄清的是,这部分由专业教师转型的 ESP 教师的工作重心不是科研,而是教学,而且是把 ESP 教学当成了自己的主业,这样,这些教师就会全身心投入到 ESP 课程建设中了。

教育部大学外语教学指导委员会主任委员王守仁教授在多个场合鼓励教师报考非英语语言文学类博士来改善大学英语教师的师资结构,同时部分解决人文社科专业的 ESP 师资,但是大学英语教师中只有很少的一部分愿意而且有能力去报考理工科类博士研究生,因此理工科专业的 ESP 师资仍然会在相当长的时期内存在较大的缺口,而填补这个缺口的有效来源之一就是适合的双语教师和专业教师。

不管怎么样,大学英语课程在学校的国际化进程中扮演的角色越来越重要。人是第一生产力,对于大学英语课程而言,校本大学英语师资队伍的兼收并蓄一定要得到学校管理层的高度重视和支持,打破学院和学科之间的藩篱势在必行。办学的国际化及人才培养的国际化不应仅仅是口号,而应该落到实处。国际化的实施不应仅仅由外国语学院一家承担，而应该是所有学院义不容辞的责任。在这个过程中，外国语学院也要主动出击，和有关学院积极沟通，利用各种途径和策略扩大和丰富大学英语师资队伍。同时，有关学院也要暂时放弃目前的学院利益，为了本学院长远的人才培养目标做些局部的牺牲。从大学英语的角度看，外国语学院是服务性的，但重要的是它也应该在校内享受到对应的回报性的服务。共赢才是外国语学院和各个学院的共同目标。

第四节　加强校际协同合作，集约优化大学英语教师队伍

大学英语教学改革是近十年来改革力度最大、规模最大、投入最大但也是争议最大的单一课程改革。其中最大的争议之一就是各种各样的重复建设。各个高校都在建设大规模的语言中心和机房群，有的规模甚至超过了本校的计算机中心；各个高校都在建设同传教室、翻译教室、微格教室；各个高校都在开发校本教材，都在努力抢占市场，最起码抱着肥水不流外人田的心理；各个高校都在开发拓展课程，有条件的上，没有条件的也在创造条件上；各个高校都在不遗余力地引进高层次人才，充实大学英语教师队伍。类似的情形还有很多。这里面最可惜的不是设备或其他有形物质的重复和浪费，人的浪费才是

最值得反思的。

从物理空间上看,如果一个城市有若干所高校,就可以组成大学英语教师教学联盟,充分利用各校大学英语教学队伍的优势,形成 1 +1 +1 >3 的局面。这里需要指出的是,尽管一个城市的各高校之间会存在很多的差异,如办学类型、学科水平、科研实力、职称结构等,但是,在大学英语教师队伍的教学水平上没有这么大的差异。也许总体实力弱一点的学校的教师在学历、学位、职称上存在较大的差距,但是这些跟现实课堂中的教学水平不一定成正比。这从每年举行的教师授课比赛中可见端倪。有些高职院校的优秀教师在教案准备、课堂把控、师生互动及语言基本功等方面与重点高校的教师不相上下,展示了深厚的教学功底和强大的发展潜力。各个高校的大学英语教师并不是每个人都是教学行家,如果按照传统二八开的比例计算,5 所高校整合起来组成优质教师联盟,就可以形成一支对于任何一所高校来说都是无法企及的教师团队。当然,可以根据各个高校的具体情况,四六开、三七开、二八开、一九开不等。不管怎么样,把各个高校最精华的一部分师资融合在一起,发挥各自的特长。特别是拓展课程的开设,每个学校都有自己独特的拓展课程的设置和组合,这种局域的课程组合可以连为一体,组成互联的更丰富的课程自助餐,而不是套餐。这样可以避免各个高校大学英语的重复课程设置、重复教材建设及重复备课等,一方面可以减少教师的重复劳动,另一方面也可以扩大一本教材的发行量,还可以提升部分品牌教师的跨校知名度。

这里不得不说的现状是,大学英语课程在各个高校越来越萎缩，一方面是由于大学英语课堂教学缺乏吸引性，以及教师教学态度的倦怠，另一方面是由于知名培训机构的高投入、专业化及严格的教学考核机制，以至于有的校方试图引入这些培训机构进入大学英语课堂。加强校际协同合作，集约优化英语教师队伍，有助于大学英语教师队伍形成规模效应，保住校园内的教学阵地。在拓展课日益流行的今天，更需要各个高校互补式地构建拓展课程的体系和框架，从而进一步让本区域的高校学生共享型地融入原先不会那么丰富多彩的大学英语课程资源。

大学英语师资校际合作的前提是管理意识和管理机制的创新与改革。这种创新与改革不应仅仅是内部的或者“鸵鸟式”的，而应该“走出去，请进来”，扬长避短，内外并蓄，在多方面尝试有利于学生的各种政策。

例如，如果可以学分互认的话，高校的学生可以到不同的学校去参加更加优质的大学英语课程。这其中牵涉两个问题：一是系统选课的问题，这个问题可以由教务处批量处理，绕开账户登录等问题。二是费用结算问题，各个高校的学分收费不尽相同，导致结算等方面的难题，但这可以借鉴市民一卡通的结算方式。在这两个问题上，要坚定“不怕做不到，只怕想不到”的理念，技术永远可以为理念服务。

如果学分互认有难度的话，也可以请对方客串的教师来本校上课。如果客串教师排课时间白天安排不过来或者本校的时间段不合适，也可以安排晚上，甚至周末的时间开设相关的课程。现在大多数高校大学英语的课程都安排在早上，一方面是由于模块课程，由教务处统一安排后再安排其他专业课，另一方面是由于大部分教师觉得下午上课的效果不如上午好，但最主要的原因还是教师们不愿意晚上上课或周末上课,导致大量的教室资源没有充分利用。如果考虑上课效果的话,晚上上课的效果有可能更甚于早上,因为现在的“90后”或“00后”学生晚上熬夜现象很普遍,早上起不来,即使起来上课精力也不集中。周末的教室也是相对空余且选择性更强的,便于合理安排外校教师的上课时间。这其中也涉及两个问题。如果两个学校之间是单向提供授课教师的话,可以由受益学校提供该教师的兼课费用。如果是双向提供授课教师的话,则可以采用互免的方式,由各自的学校承认相关教师的教学工作量。

当然,考虑到物理空间的距离长短及教师来往的时间消耗,在数字化的时代,可以完全通过技术手段实现优质教学资源的共享。这包括以下几个方面。

第一,可以把优秀教师的现场授课制作成视频录像,或通过网络播放,或拷贝后发至各教学点,让更多的学生享受到优质的教学资源。特别是在MOOC时代,需要在课前准备一些用于课上研讨的视频,而这并不需要每个教师都去准备,应该可以有选择性地(如教师或内容)重点准备,这样既节省了劳动力,又突显了优质教学资源。视频录像比课堂教学有时候更严谨,因为在课堂上尽管教师都准备了教案,但是,经常会由于各种各样的原因偏离原定的教学目标和内容,而视频录像的每一步,甚至每一句话都是经过精心设计的,在节奏、逻辑、层次上具有独特的优势。

第二,可以在网上获取优质课程。比尔·盖茨曾说过:“五年以后,你将可以在网上免费获取世界上最好的课程;而且这些课程比任何一个单独的大学提供的课程都要好。”当然,比尔·盖茨的断言其实早已实现。随着实时技术的发展和趋向成熟,大学之间的壁垒、课堂之间的壁垒、教师之间的壁垒都受到了冲击。传统意义上的大班课堂可以轻松转化为人数远远超过大班课堂的离散式整合课堂,实现了“一人授课,全员共享”的效果,这里的全员是指有共享约定的学校成员。在听力、阅读等输入型课程教学上,各合作学校完全可以协商指定在听力或阅读教学方面富有经验的教师通过实时授课方式,不仅为本校也为合作高校提供高质量的授课内容,同时在作业布置及考试方式上也可以实现标准统一。这一方面实现了单一课程的集约化管理,避免了简单的重复劳动,同时让更多的教师省下精力投入更为耗时耗力的输出型课程教学,另一方面可以为学生提供更多的小组答疑甚至一对一答疑的机会。

当然,也有人反对这种视频传送和实时授课对于教师工作量的冲击。正如前面所说,大学英语教师的生存观念和工作观念还比较传统,仍然聚焦课时、学分、工作量、课程系数等微观层面的细节,而没有从更宏观的角度考虑个人职业的长远发展、学校教学资源的优质化和公平性及大学英语数字化教学的历史趋势。

首先,大学英语教师不应只满足于成为优秀的语言教师,而且语言教师所教的语言是广义上的,既包括纯语言技能,也包括与语言密切相关的文化、历史、政治、宗教、教育等方面的知识,当然所有这些都是广义上的大文化概念。语言是文化的心脏,大学英语教师除了要研究和诊断“心脏”外,还要研究心脏周围的各种“组织”,“治标治本”才是治疗“心脏病”的最佳途径。大学英语教师要想成为真正受欢迎、能够长久生存的教师群体，就必须在课堂上“全面开花”，给学生一种“多功能”感（versatile）和多维视角（multi-dimensional），而不仅仅是直线型的（linear）。大学英语教师不会被期待成为文化研究的某个方面的特别专家。相反，大学英语教师应该对文化涉及的众多概念有个基本的了解。这个“基本的了解”说起来容易，但真正做到就需要大学英语教师投入更多的精力和时间去读书、考察等。视频传送和实时授课等方式将会给教师节省必要的时间。因此，对于省时省力的课程改革，大学英语教师不应再缩手缩脚，而应该大胆地去拥抱这些为我们构建未来的“敌人”。“人生除了当下，还有远方”（江南大学人事处处长张影陆语）也是对大学英语教师的启示。

其次，教学资源的优质化和公平性一直是学校长期以来的顽疾。自由选课对学生来说是梦想，但对学校来讲就是梦魇。曾经有个学生在导学课站起来先背了美国《独立宣言》（1776年）的一段话：“We hold these truths to be self-evident, that all men are created equal, that they are endowed by their Creator with certain unalienable rights, that among these are life, liberty and the pursuit of happiness.”然后她模仿着说了一段话：“We also hold these truths to be self-evident, that not all students are organized equally, that we are deprived by our school authorities of certain otherwise unalienable rights, that among these are liberty, courses and pursuit of better teachers.”这说明学生对课程本身、时间安排及教师配置都不是特别满意。但是，在很多高校，这些学生期望的“自由”只能是空中楼阁。从进校开始或从分班开始，学生的一切就被安排好了：排定的教师，排定的教室。特别是教师的

安排，就像包办婚姻一样，接受也好，不接受也好，总归要忍受至少一个学期。因此，当学生对教师特别不满意的时候就会逃课。饭店行业有两条黄金法则：“第一条，客人永远是对的；第二条，如果客人不对，请参照第一条。”与此类似，高校也应该有两条黄金法则：“学生的需求是第一位的。教师教不好，学生当然要逃课。”“强行把学生留在课堂，那是‘计划经济’；完善管理机制和增强课堂教学的吸引力和感染力才是‘社会主义的市场经济’。”如果我们满足不了学生的需求，学生自然要逃课，或者是“串课”(到平行的班级听另外老师的授课)。“串课”意味着对现有教师的否定，也意味着对某些教师的肯定。对于“串课”，有的学校禁止；有的学校默认；有的学校则出台了管理规则，即只要有教师接受串课学生即可。但是后一种做法有几个后遗症：一是导致教师之间的竞争加剧，大外教师原先特有的“和谐优势”局面将会被打破。二是如果很多学生串课到同一教师的课堂，那么教室的容量、成绩的管理、教师工作量的计算及引发的多米诺效应都是头疼的问题。对学校来讲，教务选课系统不是太大的问题，优质师资的短缺才是最为尴尬的。学校无法承受大规模的“串课”或者逃课，否则既导致教学秩序的混乱无序，也会对学校的声誉产生不良的影响。因此，必须拿出应对策略，以缓解学生对教学资源优质化和公平性的追求。

在这个方面，英语专业某些课程的教师轮换式模式值得大学英语教学借鉴。以江南大学外国语学院英语专业的《高级英语》课程为例。该专业共有 6 个平行班级，3 个任课教师，每人负责两个班级，从大三上到大四。如果一个教师相对较弱，那么他/她任教的两个班级就要“受苦受难”两年，从很大程度上

图 6-5 校园一角

说对这两个班级是不公平的。此外,《高级英语》是一门容量极大的综合课程,涉及语言技能、修辞、语言学、文学、文体学、翻译学、历史学等众多学科。即使是个传统意义上的好老师,可能也很难在如此多的领域都是行家。因此,为了保证这门课的教学质量,也为了教学资源的公平配置和优化组合,该专业在三年级为这门课配备了不同学科背景的三位教师:A 是偏重语言学背景的,B 是偏重文学背景的,C 是偏重翻译背景的,同时这三位教师采用轮换式模式。例如:一个学期 16 周,1—5 周 A 教师任教 1、2 班,6—10 周则任教 3、4 班,11—15 周则任教 5、6 班,B 和 C 教师依次轮换,16 周时 A 教师回到 1、2 班,B 教师回到 3、4 班,C 教师回到 5、6 班,进行期终考试布置。这种轮换有三个好处:一是任课教师减轻了备课的压力,每个人只要负责原先备课量的三分之一,而且更便于精益求精;二是学科背景互补,便于学生从各个不同的角度来学习高级英语;三是解决了教学资源公平性的问题，即使三个教师水平不一，但作为整体，对于每个班级都是公平的，同时对于较差的教师也是一种激励和驱动，逼迫自己努力向其他两位教师接近，横向的组合教学的效果对学生和教师都是很明显的。大学英语教学的某些小组也可以采用这种轮换制的教学模式，基本技能课适用，拓展课更适用。一亩三分田的教学模式应该向合作导向的集约模式迈进。当然，我们这里举的例子仍然是基于校内合作模式的，这种合作模式完全可以推广到校际合作，特别是拓展课程的互补开设、协同开发等。

最后，大学英语数字化教学的历史趋势不可阻挡，这里面也有几个方面的原因：一是我们生存的方式已经是数字化的了，这种影响也是浸入式的，无处不在，不仅是物理形式的，更是思维方式上的。二是学生对于数字化的适应性和紧迫感要远远超过他们的前辈，包括大学英语教师队伍中的大部分人，学生的需求就是教师最大化满足的目标。“水能载舟，也能覆舟”就是数字化给大学英语教师带来的现实挑战。三是教师队伍的短缺，一方面从表面上看，很多高校削减学分、削减课时、自主学习等导致大学英语教师严重过剩，但这只是短期现象。有的高校非但没有削弱英语课程，反而在课程设置、班级规模控制等方面进行了更为合理的改革和完善，例如增强听说课教学，实施小班化教学，这从理论上说就需要比以往更多的大学英语教师。但是，由科研压力导致的转岗、退休的自然减员、大学英语教师引进的高门槛等原因，这些高校已经出现了大学英语教师严重不足的情形。在这种形势下，一方面不能指望大学英语教师再像以前那样每周上 14—18 节课（因为有科研的压力),另一方面要保证教学的质量,因此,借助于数字化的教学手段和模式就成了必然,这种数字化的教学手段和模式除了本班级及本校的课堂内外的数字化体现,跨区域、校际的数字化教学也是低成本高效率的。江南大学承担的江苏省教学改革重中之重课题“数字化环境下的高校英语资源建设与教学模式的协同创新研究”(2013—2016,主持人:龚晓斌、刘丹丹)研究的中心之一就是通过共同组建复合型教学团队和教研基地,构建“教师发展共同体”,打破单兵作战、故步自封的局面,打造具有协作精神与创新素养的跨校教研团队。

图 6-6 多模态互动录播室

当然,这里我们要解除一些大学英语教师对于数字化教学的误解和恐惧。不管是视频录像还是实时教学,或者是目前数字化教学领域流行的 MOOC 教学,它们仅仅解决了知识传送的工作。就拿 MOOC 而言,它可以说本质上是知识点(knowledge point)或知识众点(knowledge point cluster)的输入工作,但大学英语课主要是技能驱动的课程,即使 MOOC 可以讲解某些具体的语言技能,但技能跟知识是完全不同的概念。后者可能是一次性输入一次性接受并输出型的,而前者在输入—接受—输出的过程中需要大量的教师主导、引导、辅助、纠错等工作。甚至可以说,MOOC 中的讲解工作只是语言学习的冰山一角。外语学习中学习者的内在化过程(internalization)没有教师的有目的参与是低效费时的。因此,从这个角度看,MOOC 或其他数字化教学手段不会完全抢夺大学英语教师的饭碗。从另一个角度看,MOOC 对于大学英语教学的效度也是值得冷思考的。

第五节　加强外籍教师队伍建设

每当提及外籍教师(以下简称外教),似乎总是与专业有关。外教的聘任、课程安排、考核、续聘等全部是由外国语学院的专业系部和学校主管外教的外事处或国际交流合作处共同实施的,即使偶尔大学英语教学中出现少部分的外教,也是研究生公共英语教学或某些本科生特殊人才培养计划班级的特权,外教用于正常的非英语专业本科生英语教学还不是很普遍。这里面有几个方面的原因。

第一,聘请外教需要花费大量的经费和人力,除了工资外,还要负责安排住宿、餐饮,周末或假期还要安排一定次数的外出参观或旅游。为此,学院要配备一定数量的外教联络员或助手，这些联络员或助手的工作报酬也是要学院承担的。

第二，外教的教学质量一直被中国教师诟病。外教被认为他们不了解中国的国情和学生的实际需求，经常承担的口语、写作、英美文化、报刊选读等课程的教学效果不尽如人意。每到期中教学座谈会时，总有针对外教的各种不满：不系统、没有章法、不能应付考级考试、思维方式不同等。

第三，不管是英语专业还是大学英语，现在的总学分和总课时都比以前有所削减，因此，在相当一部分教师中还存在"抢工分"赚课时费的思维定势，甚至出现中国教师周课时严重超标而外教工作量不满的状况。更为糟糕的是，一线教师对外教的引进开始出现抵触情绪，系主任左右为难，甚至安排教学任务时学院层面都要强行介入。

上述跟外教相关的一些问题有的是表象的，有的则是深层次的管理和理念问题。特别是对于高校的英语教学而言，外教队伍的规模建设也许是解决多年来英语教学顽疾的最有效手段之一。

就费用而言，10 年、20 年前，语言类外教的工资在很多情况下要高出中国本土教师好多，甚至是数倍，而且在食宿安排上都是专家级的，因此综合看来，外教的使用成本还是较高的。但是，随着中国改革开放的程度越来越高，中国高校的国际化水平也在逐年提升，外教来中国高校就业的前景越来越宽广。很多外教已经不再把在中国教书看成是谋生的手段，而是更多视为积累经验（特别是 TEFL 或 TESOL 教学经验）的机会，便于今后更好地发展。因此，在很多情况下，部分外教对于薪酬的要求并非那么高。与此对照的是，随着高校的扩招、国家教育投入的增长及津贴体系的构建等因素，高校教师的收入比若干年前有了较大幅度的上涨，已经基本上与公务员持平，加上各种福利，高校教师的总体收入要超过甚至远远超过大部分的外教。此外，外籍教师有严格的管理制度，包括聘用、考核及退出机制。而对中国本土教师而言，一旦进入高校这个事业单位，手里捧着的就是金饭碗，至少也是铁饭碗，除非犯了很大的错误，否则就有可能安全地“耗”到退休，而且现在的退休工资比在职的也差不了多少。因此，从使用成本和管理效用上看，更多地聘请外教也许是一举两得的事情。

外教的教学方法和教学效果是争议最多的，但是“不识庐山真面目，只缘身在此山中”也许是对中国高校大学英语教学尴尬窘境的一种回复。江南大学为了提升大学英语教师的国际化水平，拓宽其国际化教学视野，同时恢复其由于长时间被学生同化而退化的语言能力，拨出专款分批送大学英语教师（笔者作为本次培训的组织者和协调人之一）去美国加州大学戴维斯分校等名校进行教学法、美国社会与文化、跨文化实地调查等课程的学习和实训，虽然时间只有短短的一个月，但是感触颇深，收获匪浅，同时对国内的英语教学也是极好的反思和促进。

在国内的英语教学中，不管是中小学还是大学，输入为主的灌输式、填鸭式、知识传授式教学方法长期占据主导地位，导致了“哑巴英语”、“聋子英语”的产生，也引发了对于中国各级英语教学的批评和指责，认为“费时低效”。其实，这种英语教育方式或思维的背后隐含了中国整体教育的现状，甚至包括家长对孩子的培养方式，那就是“不放心，不放手，不远离”的传统定势。我们的期望就是孩子和学生要“听话”,这样根深蒂固的历史传统潜移默化地催生出了现在的教育模式:听说课变成了听老师说、看老师在表演;文化课变成了纯文本的输入,从课本到课本;等等。但是,现实的问题是,大量的输入并不一定会导致期望中的输出,其中的内在化过程很复杂,需要大量其他因素的参与,其中最主要的就是语言融入、文化融入、社会融入。

美国的教育崇尚独立、自主、创新、批判的思维,这也符合美国建国之父富兰克林的教育思想:“Tell me and I forget; teach me and I remember; involve me and I learn.”教师在课堂上的作用主要是引导,更多扮演的是 facilitator(协助者)的角色。在教学法课堂上,教师并没有按照演绎法的方式直接点出某种教学方法,而是通过 You Teach 等手段发现问题,然后展开研讨,最后发现最佳的问题处理策略。在跨文化研究项目课程上,教师通过 Task-Based 的方法,建议进行实地调查,真正了解美国当地的现状,包括教育、就业、文化、饮食、交通等各个方面,在全英文的语境下多维度、多视角地了解美国,既强化语言技能,又增强跨文化交流意识,还学会社会调查的途径和方法,可谓一举三得。在美国社会与文化课堂上,教师完全没有采用授课或讲座的方式,而是事先发放讲义或布置讨论话题,在课上通过分组讨论或 Jigsaw 模式自我研讨,教师穿插其中,犹如象棋比赛中的“车轮大战”,气氛相当活跃,在讨论中经常会产生思辨的火花,加深了教学双方对于各自国家社会与文化的了解。在英语习语课上,教师除了娓娓道来美国英语中各种习语的由来、语境及切身体会之外,还通过 Role Play 帮助学生将习语烂熟于心,应用起来游刃有余。更为独特的是,教师让学生每天都去各种场合搜集习语，这一方面增强了学生的语言实训经验，另一方面也锻炼了平常比较内向自我型教师的社会交往能力。

所有这些课程的安排和组织似乎都是单独、自成一体的，教师之间似乎也没有特意统一教学方法，但是，这些任课教师都具有 TESOL 或 TEFL 的教育背景，因此他们的教学方法都具有一个共性，那就是体验式教学或浸入式教学。游泳不是教会的，而是游出来的；吃饭不是教会的，而是吃出来的；英语不是教会的，而是练出来的。英语教学“圈养式”和“散养式”的最大区别就是最后的输出能力和程度。“纸上谈兵”也许是对国内目前英语教学的最为客观的评价之一。

国内英语教学界一直存在教师和学生“双主地位”的争论。赞同方认为没有教，哪儿来学，如果过分强调学生的主体作用，那还要教师干什么，因此必须发挥教师的主导作用，这其实反映了中国典型的中和、模糊的处理方法。反对方则认为，当教学双方必须有一个为主时，应该以学生为主，毕竟学生才是教学的目的和检验课程是否成功的唯一标准。

“不识庐山真面目，只缘身在此山中”也许是对“双主地位”之争的最好诠释。走出国内的校园，走出双语教学的语境，“Think outside the box”（教学法课程经常提到的一个概念）已给我们带来全新的思考。

独立、自主、创新、批判的思维在林肯总统的“Gettysburg Address”中有明确的表述：“The government of the people, by the people, for the people, shall not perish from the earth.”在英语教学中，这句名言也可以转换为：“The English class of the students, by the students, for the students, shall not perish from China."

我们做出这样的观察、判断和评价并不是全面否定国内的英语教学方法，而是希望英语教学界能够拓宽视野，洋为中用，构建更加合理、更加有效的英语教学方法体系。浸入式教学既重视输入，同时也强化输出，文秋芳教授近年来提倡的"输出驱动假设"与此理念颇为融合。国内大学英语教学的尴尬局面与忽视浸入式教学有很大的关系。

当然，有人会反驳，我们是在国内，没有浸入式的氛围和条件，但这仅是问题的一个方面。氛围和条件是可以建设的，是可以完善的，而外教队伍的建设就是最佳的切入点。

如果经费到位，学校就可以聘请更大规模的外籍队伍（国内有些重点高校已经迈出了这一步）。在可能的情况下，外教可承担大学英语课程中所有听说类的课程，写作、翻译、跨文化交际等课程可以采用中国教师和外籍教师合作教学模式，各取所需，扬长避短，促进大学英语课程体系和教学模式的最优化。

当然，在外教引进过程中，要注意其应有的团队性、互补性和交融性。

团队性是指外教要具备 TEFL 或 TESOL 的背景，尤其擅长听说教学，必要时可以考虑采用集体引进模式，保持长期稳定性，进校后可以设置专门的教学团队，甚至成立独立的听说教研室，全面负责大学英语听说教学的课程规划和考核。在这点上，外国语学院或大学英语教学部要敞开思路，疑人不用，用人不疑，充分发挥外教负责人的作用，甚至可以考虑让外教担任一定的教学行政职务，如教研室主任甚至大学英语部主任，这样可以以全新的视野来冲击趋于平原式发展的大学英语教学改革。这与全球招聘学校校长或学院院长一样，起到的作用往往是意想不到的。

互补性是指除了常规意义上的语言教师外，还可以有擅长文化教学甚至部分ESP课程的外教，这样可以弥补本土大学英语教师专业背景匮乏、ESP教学能力有限的弊端，从而丰富大学英语课程体系的内涵，更好地满足学生的多样化需求。在ESP教学上，外籍教师具有得天独厚的自然优势，他们在国内上的每一门课程稍加调整都有可能成为国内流行的ESP课程，而不需要大动干戈地动员和组织先天缺乏ESP素养的大学英语教师转行去教并非擅长的ESP课程，赶鸭子上架的结果就是战战兢兢，全无自信可言。教师如果失去了教学自信，那么对于自己和学生都是一种折磨。

交融性是指外教对于本地文化的熟悉程度和适应程度，如果外教来中国前已经通过各种渠道了解了当地的文化传统、风土人情甚至处世哲学，那么就会在某些课程的合作式教学上更好地和中国教师配合协作。合作式教学在写作课、口译课、跨文化交际等课程上均可以广泛运用。聘期较长的外教还可以和中国教师合作开展教材编写工作，这样教材中的语料会更翔实，也更地道。双方在合作式教学的基础上，如果条件具备，也可以开发更高级或更高端的双向课程，如“中国语境下的商业哲学”与“美国语境下的商业哲学”，等等。这样的课程可以是双语的，也可以是全英文的，不仅面向校内本科生、研究生开设，也可以作为国际交换生、暑期留学生的选修课程。

一定规模的外籍教师的参与不仅可在课堂教学和课程建

设方面发挥积极的作用,而且能为营造更为国际化的体验式、浸入式语言教学环境提供必要的支撑条件。中国大学英语教学效果不明显的主要原因之一就是学生在课后的语言练习不充分,即使有一些如英语角、英语沙龙、英语午餐会、英语飞吧等辅助学习方式,但是效果仍然不明显,究其原因在于外教参与得较少,规模和密集度都不够。指望中国学生之间或中国教师和学生之间课后用英语来交流只是一种理想,是一种可望而不可即的期望,母语甚至方言的实用功能要远远大于英语的学习功能。但是,当外教的数量达到一定规模时,就可以通过物理空间的配置和有效的组织来创造全英文的学习空间。现在各个高校都有数间甚至数十间先进的语言实验室,但这些实验室中的设备是固定的,是静态的,给人一种死气沉沉的感觉。外教的办公室原来大部分情况下都安排在行政办公楼,或紧邻专业系部,或紧邻教务办公室,离学生活动区域比较远。如果外教的规模较大,可以考虑将外教办公室统一安排在封闭或半封闭的语言学习中心,同时按照教师教学功能分设办公室,例如听说组、写作组、文化组等,交叉错位安排答疑咨询时间(office hours)。除了外教之外,还可以选拔一些英语基础好的学生担任助教,协助外教处理各种学习问题。在条件许可的状况下,要求在语言中心的所有大学英语教师、技术人员、其他教学辅助人员尽最大可能把英语作为工作语言,同时所有的宣传海报、课程信息通知、广播等都以英文形式出现,营造一个全英文的教学和学习环境。在这个环境中,学生将被严格要求用英语进行正常的学习、生活交流。在整个全英文氛围的建构中,外教的作用是不可替代的。如果这样的语言工作机制能够坚持一定时间的话，可以预见在语言中心工作的教师和学习的学生的英语实际应用能力将会出现明显的改观。在有些条件更好的高校，可以将语言中心和考试中心结合起来统筹建设，学生在学习中心完成规定的课程和学分后即可报名参加托福、雅思、剑桥商务英语等国际性英语考试，以检测学习效果，同时为今后的国际交流提供必要的语言条件。在这个过程中，具有TEFL或TESOL背景的外教的辅导答疑的功能将会充分得到发挥。

当然，浸入式语言教学环境营造过程中最大的阻力不在于外教，也不在于学生，甚至不在于技术人员，而在于观念上和习惯上更加根深蒂固的教师本身。这种全英语语言环境构建的壁垒在国外的语言培训班中就能证实。来语言中心培训或进修的人员中，往往就是英语教师群体不自觉"最为抗拒性"地保持了中文交流的习惯。如果真的要打造全英文浸入式的学习环境，学校可以建立退出机制。如不能用全英文授课的课程、拒绝将英语作为工作语言的教师、经常使用中文进行交流的助教将不再进入语言中心，也不会享受语言中心在教学、进修、国际会议等各方面的优惠政策。退出机制的有效运行将远远优于惯性的思维。在UC Davis的语言中心，有不少助教或志愿者都是华人学生，但他们工作期间都是讲英语，如果你希望他们说中文的话，他们往往回复："After work."更为重要的是，在本来应该是全英文的环境中，如果讲中文，不仅没有考虑学生的学习利益，同时也是对外教的不尊重。

国际化大学的建设需要国际化大师、国际化课程、国际化师资及国际化氛围，外教的规模及参与的程度也是衡量一个大

图 6-7 校园一角

学是否国际化的重要指标。我们不妨参照国际化都市的标准来看一看。"关于国际大都市外籍人口的比例,存在着 5%、8%、15%、20% 4 种不同的说法。以最低的 5% 计算,1000 万人口的城市必须拥有 50 万常住外籍人士。"(http://baike.baidu.com/view/4438851.htm? fr = aladdin)2000 年上海 1640 万常住人口中,外籍人口约 5.2 万,占总人口的比重仅为 0.3%,与其他国际都市相差甚远。而伦敦常住人口中外籍人士的比例约为 30%,纽约常住人口中外籍人士的比例约为 15.6%。(http://blog.sina.com.cn/s/blog_553079e401007xji.html)因此,按照严格的标准来看,现今世界公认的国际大都市只有纽约、伦敦、巴黎、东京四大城市。(http://baike.baidu.com/view/4438851.htm? fr = aladdin)如果同比执行的话,1000 名教师中应该包括 50 名外籍教师,一所完全综合性的大学的教师总数在 1500—2000,因此外教的拥有量应该维持在 75—100。其实这只是最低标准,而且国际化都市的标准对象是常住人口。高校是人才荟萃的地方,也是国际化视野最开阔的地方,因此,国际化大学建设过程中外教的占比是非常重要的。

有一点需要说明的是，并非所有的学科和专业都需要外教或很多的外教，而外语教学，特别是面广量大、惠及面不同一般的大学英语课程，则需要配备符合学校国际化进程的一定规模的外籍教师队伍。"洋为中用"不管是对社会变革还是教育发展都是适用的一个原则。

第六节　设置大学英语(师资)专业，培养专门大学英语教师

上一节讨论了外籍教师在大学英语教学中的重要作用，但是不管怎么样，在中国的语境下，外籍教师毕竟是少数，即使占比达到了20%，80%的中国本土教师仍然是大学英语教学的主体和主力军。中国本土大学英语教师的整体素质和能力直接影响大学英语教学的改革和未来的长远发展。但是，现阶段对大学英语教学改革最大的制约因素仍然是师资问题。

第一，目前绝大部分的大学英语教师都是传统意义上的英语语言文学专业毕业的，不管是本科生还是硕士甚至是博士，他们在本科阶段接受的教育方法和授课模式可以说是根深蒂固的，他们自觉或不自觉抑或非常自然地将这些教育方法和授课模式移植到大学英语教学当中，殊不知英语专业和大学英语在很多方面是情况迥异的。首先，英语专业是把英语作为专业的，在课时分配上明显要比大学英语丰富和充足，因此，教学更

多地是基于课堂,基于讲解,强调教师的输入,强调轰炸式学习。而学习大学英语学生的专业不是英语,他们的课时很有限,课堂教学的空间也很小,输入和输出很难达到理想的平衡。其次,英语专业的课程设置远比大学英语精细化,分工明确,除了专业主干课程“综合英语”“高级英语”外,还有大量独立的听、说、读、写、译等模块课程,形成交错立体的课程体系。与此相对照,大学英语基础课程是一个整合课程,一个教师要在一门课上涉及几乎所有的技能模块,而且没有“综合英语”或“高级英语”那么多的课时,因此在材料的选择和讲解的细度方面存在较大差异。最后,英语专业是小班教学,教师对于学生的人均关注度高,课堂活动便于开展。而大学英语课堂往往是大班甚至是特大班教学,课堂活动有心无力,教师往往顾此失彼。面对这些问题,大学英语教师经常茫然不知所措,发现前辈们传授自己的方法不能完全适用,只能摸着石子过河。有的教师可能快到退休时还不明白为什么自己的课不受欢迎,有的教师觉得自己已经很努力教了,但还是不知道为什么自己的教学效果不好,最终只能自嘲“没有功劳也有苦劳”。但是在高校,如果我们的“产品”(学生)不合格或者是次品,那么就说明我们“生产者”本身出了问题。大学英语教师都是英语教育背景,应该知道英语习语“The end justifies the means”和“All’s well that ends well”背后的道理。哲学里的难题之一就是:“我是谁?”本体的问题一直是很难回答和解决的。对于英语专业那种深入骨髓的理解让我们对大学英语教学无所适从,也许一直就是用教英语专业本科生的那种方法来教大学英语的原因了,这就如同在中国的语境下用 L2(第二语言)的理论来指导 FL(外语)

的学习一样，也就是说从一开始就走错了路。

其次，原先单一的英语专业已经发展成英语专业、翻译专业和商务英语专业并存的英语类专业。英语专业的扩展或英语类专业的设置从本质上是对近年来英语专业难以维系、难以长久发展的一种策略性回应。但是实际效果如何呢？前文已经讨论了英语类专业面临的种种问题，也说明了英语类专业改革“治标不治本”的实质。在一定程度上，翻译专业只是“改头换面”做了少许手术的英语专业；商务英语专业也是“改头换面”的原先英语专业商务方向的扩展版；有的英语专业则设置了翻译类、商务类等方向。所有这些都不过是不同程度的“移花接木”，改变不了英语专业发展的瓶颈问题和深度发展的障碍。其实，英语专业的尴尬还有很多：学生就业形势不好，就赶紧专业转向；哪个专业热门，就赶紧申办那个专业；哪个强势学科希望办成什么样的英语专业，就赶紧“傍大款”“靠大树”；国际办学最赚钱，英语专业赶紧凑上去；二级学院越红火，英语专业“打长工”的念想越长久。数年下来，英语专业也就成了“陀螺专业”，教师也就成了和改革浪潮中大学英语教师一样的“陀螺”。“龙生龙，凤生凤，老鼠的儿子会打洞”，同理，“陀螺”生“陀螺”，恶性循环，在其他行业影响的还只是产品或服务，但如果小“陀螺”们在高校，那影响的可就是数代人了。

从长远的发展看，英语类三个专业的发展危机四伏。传统改良型的英语专业、移植性质的翻译专业和商学院有较大重复的商务英语专业都只是过渡性的，能维持多久在很大程度上取决于大学英语教学改革推进的程度和速度。不可否认的悲观事实是，英语专业最辉煌的时代已经过去，而对于翻译专业和商务英语专业而言,也许“嗟来春色夏消尽,秋风未起冬已浓”会成为最好的写照。

英语学科的规划者不应仅仅做出改良式的动作,而应该像大学英语教学改革那样大刀阔斧地层层推进,在专业建设上拓宽思路,错位发展,才能在学校的整体发展中有一席之地。例如,外语学院或英语专业不要把翻译专业看成是自己的“一亩三分田”,而应充分考虑各学科背景的互补性、专业性及应用性。建议学校单独设置翻译专业,由外语学院代管,一年级没有学生,从二年级开始从各个专业招收英语基础好同时有志于从事翻译工作的学生,这样从进口和兴趣上解决了原先翻译专业面临的种种难题。

近十年来,由于扩招、师资队伍建设等因素,一批英语专业本科和硕士毕业生及一定数量的博士毕业生充实到大学英语教师队伍,并成为教学的骨干力量,为大学英语教学改革做出了较大的贡献,但是问题也很突出,“目前许多教师没有经过专门系统的理论培训,教学缺乏理论研究的支持”(束定芳,2004:298),“课堂教学效果和课堂研究能力……不尽如人意……众多英语专业硕士研究生读书期间并未接受较好的英语教育教学方面的训练”(辛广勤,2006:19)。就大学英语教师的专业发展而言,“目前国内还没有大学英语硕士、博士学位点,即使大学英语教师想在本专业继续发展、提升学历,也无法实现。这对大学英语教师的稳定发展构成一定的威胁”(贺颖列,2013:94)。

因此,从大学英语师资建设的角度,也是从英语专业的生存角度看,两者的结合就是在外国语学院英语专业开设大学英语(师资)专业,培养专门的大学英语教师。当然,不能像现在什么层次的大学都开设英语专业一样,而应该在有条件、有能力的高水平大学开设大学英语(师资)专业,例如北京师范大学、华东师范大学等老牌师范类高校及教育学底蕴深厚的综合性高校。国家可以根据全国各个高校对于大学英语师资的需求每年下达招生指标。根据不同层次高校对于教师学位的要求及应用型本科和学术型本科高校建设的不同情况,大学英语(师资)专业在开设时可以规划两种学制,5 年制本硕连读和 8 年制本硕博连读,前者主要进入应用型本科或高职院校,而后者主要定位在学术型高校或其他高水平高校。

由于大学英语教师的隐形需求较大,同时大学英语(师资)专业培养的目标明确,而且在高校工作的吸引力很大,因此从招生角度看会吸引大量的优质生源。考虑今后英语教学的需要及 ESP 课程的授课及建设,建议在招生时增加口语加试环节,并适当多考虑理科生。

罗娜曾撰文指出:"原来的华中理工大学、华西医科大学等高校曾经开设过只招收理科生的专门用途英语本科专业,学生在本科阶段既学英语专业的全部课程,也学一些简单的专业知识,这部分毕业生中在高校从事教学的,完全有能力从事相关理工科专业的 ESP 教学工作。但遗憾的是,由于种种原因,这些专业开办的时间都不长,后来都转变为普通的公共英语专业。"(罗娜,2013:41)可以理解,仅仅简单的专业知识和本科专业远远不能满足当今高校对于人才的需求及大学英语教学的深度。

大学英语(师资)专业的课程设置应在很大程度上有别于

现有的英语专业或英语专业(师范方向)。除了强化英语听、说、读、写、译技能及熟悉教育学基本理论外,学生还应尽可能全面地掌握数字技术及信息技术的基本原理和操作,学习课堂管理和沟通技巧,参加多个学科的双语课程培训,有针对性地选修特设的ESP课程,并确保一定时间的国外学习。实习期间要集体性地深入实际课堂,发现问题,解决问题,将所学变成所用。

5年制本硕连读的学生毕业进入所在学校后主要从事教学工作,而8年制本硕博连读的学生毕业后除了承担正常的教学工作外,还可以承担专门的大学英语的研究工作,在这个过程中,国家社会科学基金项目、教育部人文社科基金项目、国家教育规划项目等国家级、省部级科研项目都可以对大学英语研究给予特殊的政策倾斜。外国语学院在成立各专门研究所和研究机构的同时,也可以成立专门的大学英语研究机构,其研究成果将直接反哺大学英语教学。

当然,在大学英语(师资)专业开设之前,首先要做的就是师资的选拔和培训,这是"师资之师资"培训,也就是国外高校经常举行的"Train the Trainer"项目,属于"元培训"(Meta-training)范畴。要把那些语言和教学基本功扎实、新思维接受快、善于创新、勇于突破的教师纳入大学英语(师资)专业队伍中来,同时争取国家和学校的各种优惠政策吸引其他学院的双语教师、专业英语教师及有志于大学英语教学的外教,组成背景多元、资源丰富、平台宽广、交融互补的混合式师资队伍,彻底打破原先单一的、线性的、对象飘忽不定的培养模式。

除了培养应届的大学英语师资外,大学英语(师资)专业还可以为目前在岗的大学英语教师提供培训或再培训的机会。彭静、刘幼昕指出："大学英语教学改革过程中，教学重点在转移，教材在变化，教学观念模式和方法要随之改变，而教师层次上不去，没有好的教师，势必限制大学英语的教学改革和发展。如何进行大学英语教师的专业发展？这是关系到大学英语改革是否成功的一个关键问题。由于大学英语一直附属于语言文学学科，大学英语没有独立的研究学术文化，大学英语教师的专业发展长期是一个比较受忽视的领域，相对成熟的教师继续教育培养体系尚未形成。"（彭静、刘幼昕，2006：18）在这种形势下，教育部高等教育司、教育部外语专业教学指导委员会、教育部大学外语教学指导委员会可以委托开设大学英语（师资）专业的学校开展短期或长期的培训专项，对全国的大学英语教师进行轮训。此外，也可以与外语教学与研究出版社、上海外语教育出版社合作开展形式更为丰富的大学英语教师集中培训，这比目前各出版社举行的更多带有福利等奖励性质的培训要有效得多。

大学英语（师资）专业的开设将直接影响未来大学英语教学改革的进一步推进和深化，也是深化教育体制改革、加大高校自主办学、优化专业设置的重要举措之一。教育部应该因势利导，首先指令性然后再指导性地推进大学英语（师资）专业建设。

面对每年近700万的大学新生，再加上仍然要上大学英语课的几乎相同人数的大二学生，为他们的未来开设大学英语（师资）专业刻不容缓。不要再争论大学英语课是否会从高校退出的问题，只要看看国外高校对于语言的重视，对于外语的重视，以及中国整个国家国际化进程的速度，就知道问题的答案了。目前对于大学英语的质疑和反思不是因为确实不需要大学英语,而是我们没有做好,没有实现大学英语课程原定的目标。有为才有位,开设大学英语(师资)专业应该提上有关主管部门的议事日程。

第七节 小结

前面讨论了大学英语教师的培养、引进和融合等问题,说起来容易做起来难,特别是牵涉人和人事的问题,千丝万缕,错综复杂,这其中有历史的问题,有学院与学院之间、学院与学校之间、地区与地区之间的壁垒(物理的和思维的)问题,有体制和机制的问题,有实际利益的问题,有高校排名的问题,等等。但是,为了大学英语课程的健康发展,也更是为了数千万大学生实际英语应用能力的提高,各有关部门应该解放思想,开阔视野,跨越大学英语教师培养、引进和融合的各种门槛,构建更加多元、更加精细、更为系统的大学英语教师队伍建设体系。

第七章

中国大学英语教师科学发展的机制保障

大学英语教学改革的历史责任光荣而重大，大学英语教师的心理负担前所未有。在改革的过程中，绝大部分大学英语教师都能从职业发展、人才培养、课程建设等各方面理解并支持国家、学校和学院所采取的各种改革举措，他们在承担全校最重的教学任务的同时，也在力所能及地从事学术研究。但是，大学英语教师队伍在奋力向前迈进的同时，也面临很多的后顾之忧，例如人员紧张的压力、转岗的压力、知识老化的压力、英语技能退化的压力、职称晋升的压力、学科本身弱势的压力，等等。因此，大学英语教师中不时出现各种各样的“声音”：“迟早是没有前途的，那还不如得过且过”；“转岗也是蛮好的，至少晚上不用备课了”；“一俊遮百丑，只要科研做得好,教学无所谓";"既要马儿跑得快,还要马儿不吃草";"我们的命运掌握在学生评教手中,只要会忽悠学生就行了";等等。这些消极的情绪如果扩散或弥漫,将会影响大学英语教师整个群体的积极性,影响大学英语教学改革的长远可持续发展。仔细分析一下这些"声音",我们会发现有其一定的合理性,其中包括解决教师后顾之忧的机制问题。只有在综合机制上认可大学英语教师的巨大投入和历史贡献,保障大学英语教师的职业发展信心,大学英语教师队伍才能保持稳定,而稳定是发展的前提。

第一节　大学英语教师引进政策

在大学英语(师资)专业开设之前,以及培养的若干年限内,除了加大外籍教师引进的力度之外,针对大学英语教师老龄化及教师越来越短缺的趋势,很多高校面临大学英语师资引进的各种瓶颈问题,这其中最主要的就是对于引进人员学位的刚性要求。现在很多高校,包括一些高职学校,在人才招聘启事上都加进了博士学位的要求。前文已经提到英语专业博士数量的短缺、知识背景的过于专业化及单一化、语言基本功的部分退化、不愿从事大学英语教学等各种问题,因此,大学英语师资的引进就成了"空中楼阁""有价无市",导致很多高校多年引进工作停滞的局面,这一方面增加了现有教师的教学工作量和工作负担,影响了他们科研的投入,另一方面也会让大学英语的规划者和管理者束手束脚,在小班化听说教学、写作和翻译作业反馈、课后个性化答疑、课外融入性学习等方面无法有效推进,甚至某些高校又恢复了大班(60—80 人)甚至超大班(80 人以上)教学,严重影响了教学效果及学生输出能力的根本性提高。因此,不管是从数量上还是质量上,都应对大学英语教师的引进做出政策性调整。

第一,放弃对于学位的片面化追求。毫无疑问,学位代表了一个人的学术和科研能力,可以说是专业知识的聚焦化体现,在高等教育发展的今天,高校教师如果能拥有博士学位是最好不过的事情。

但是,这里有几个问题值得思考:首先,学位是专业知识的聚焦化体现,而不是集中化或综合性体现,通俗地讲,并不是说学位越高,知识面越广,两者不一定成正比,有时候由于攻读学位,反而弱化了对知识面的追求。最为尴尬的是,有的博士擅长的知识在大学英语课堂上根本无用武之地。其次,英语技能与英语知识是两回事,对于优秀的大学英语教师而言,纯正的发音、优美的语法、精致的选词都可能为大学英语学生树立良好的榜样。而年龄优势在英语技能的教学过程中是显而易见的。国内有些品牌培训机构甚至规定35—40周岁以上的教师将不能担任英语技能课的教学,因为年轻人反应迅速,思维敏捷,善于沟通,课堂气氛活跃,学生融入感强,参与性高。博士毕业时年轻的大约28—30岁,年长的则有35—40岁,与硕士毕业生相比,最有效、最能互动的教学年段要少3—5年。虽说老教师有自己的优势,但是在语言技能的教学上与年轻教师相比,明显捉襟见肘,力不从心。不可否认,有的博士虽然科研能力很强,但是由于本科阶段的英语基本功不扎实,听说能力不太理想,因此其课堂教学效果和吸引力都不尽如人意。兴趣是最好的老师,这里的兴趣既包括对于课程的兴趣,也包括对于教师的兴趣(很多学生喜欢一门课是因为喜欢这门课的任课教师),而对于教师的兴趣除了外表之外,教师的语言实力和功力才是最具持久性的。笔者每年都会从教务部门拿到学生的评教数据,而其中博士的总体评教数据不像想象的那么理想。再次,博士进校后面临生育、科研、非升即走等压力,而且人的精力是有限的,因此,博士教师对于教学的投入相比硕士而言势必受到牵制,难免会出现顾此失彼的状况。最后,学校引进博士的愿望是好的,但是在某些课程师资上,如口译,不管是同传还是交传,培养单位和博士毕业人数都是凤毛麟角,有的也只是主要从事研究工作。而这些高端课程对于提高大学生的英语实际应用能力及在整个课程体系中的受欢迎程度是毋庸置疑的。

因此,综合上述各种情况,并考虑大学英语教师主要以教学为主,以培养学生的语言应用能力为主,学校完全可以保留引进优秀硕士生的余地,一方面及时补充优质的教师队伍,另一方面也有利于大学英语教学的实际情况。这里的硕士包括两个方面:一是高水平、高层次大学英语专业的硕士,二是本科是英语背景、研究生是其他专业背景的海归硕士(在国外期间语言能力继续提升),这样可以在 ESP 教学上游刃有余。

当然,在引进这些硕士生的过程中,要论证一下这些硕士的科研潜力,如果发现对于教学很有思路,可以上升为理论研究,那么可以进校之后配备优秀的导师加以传帮带,将教学和科研有机地结合起来,以科研反哺教学,促进这些硕士教师在体制内的职业发展上走得更顺利一点。

对于硕士的引进和使用,在国外很多高校的语言中心都得到了印证。这些语言中心的全职或兼职教师绝大部分都只具有 TEFL 或 TESOL 的硕士学位,而且教学效果达到了预期的目的。博士学位则在语言学系等专业系部或研究机构是必备的条件。

第二,校内横向引进大学英语师资。除了直线型地引进英语专业的博士和硕士外,还可以横向地考虑引进本校非外国语学院的师资,这包括两个方面:一是觉得在本学院面临职业瓶颈同时感到巨大科研项目和科研经费压力的双语教师或专业英语教师,如果他们愿意从事专职的英语教学工作,精力主要放在教学上,那么完全可以申请转入外国语学院从事急需的大学英语 ESP 课程教学。这种情况在 20 世纪的某个阶段是很自然的事(笔者所在的高校就有从生工、食品等专业自愿转到外语学院从事英语教学工作而且大有所成的教师)。二是考虑引进其他学院英语基础好同时愿意留在高校从事教学工作的应届硕士生或博士生。现在各个学院都有一些英语基础非常好的学生,虽然他们的专业不是英语,但是他们花在英语上的时间很多,优秀的学生还可以享受外教特训班、海外交流的机会,再加上本学院大量海归教师或外籍专业教师的双语或全英文授课,他们的语言能力丝毫不比英语专业的学生逊色,甚至大有赶超的趋势,这从每次全国大学生英语竞赛(演讲、辩论等)的获奖情况就可见一斑。但是现在面临的就业压力很大,离开学校到社会上很难找到特别专业对口的工作,而且用到英语的机会也特别得少。对于那些对英语情有独钟的毕业生来讲,能够找一份跟英语相关的工作那是非常理想的。尤其值得关注的是,现在社会上对于女生,特别是女研究生的就业还是存在一定的性别歧视。对于这些优秀的英语功底好的女研究生而言,能够留在高校当一名教师是很体面的工作。其实,这里还有一个重要的因素，女研究生在读期间一般都会找好男朋友，甚至到了谈婚论嫁的阶段，男方的学位一般都会高过女方，而且相当一部分都愿意在高校所在地（特别是经济发达地区）工作，因此如果女方能在母校找到教职，那更是两全其美的事情。学校或外语学院可以更好地进行规划，甚至在本科生阶段就可以挖掘潜在的英语师资并加以特殊的培养，包括学院之间联合培养、国外交换项目优惠、国外大学定向培训课程等，将 ESP 课程的内涵极致性地予以实现。

第三，引进非高校范围内的大学英语师资。大学英语课程的主要目标就是提高学生的语言应用能力，其中包括交际能力和学术能力，后者可以由“科班”的大学英语教师承担，而前者除了由从校园到校园的大学英语教师承担外，也可以考虑引进具有实战经验的社会型大学英语教师。有些社会型专门英语人才，如各市外事办公室、国际旅行社、涉外高星级酒店、外贸公司、英文报刊、英语电台、英语网站、大型外企、外国银行、驻国外机构等众多部门、行业中的英语从业人员，在经过数年甚至数十年的语言实践后，他们的英语应用能力得到了极大的锻炼和提高，在某些方面要远远超过校园内的高校大学英语教师。由于各种各样的原因，这些人员中的一部分非常渴望到高校任职。虽然他们当中也有人担任兼职导师、创业导师等，但都是临时性或荣誉性的工作，他们还是希望能够全身心地回到象牙塔，把他们的所学传授给莘莘学子。以前由于学位、教师资格证书等原因很难实现这个愿望，但是如果考虑大学英语的教学需求（而非学术需求），完全可以借鉴国外政府官员或企业家退职后到高校任职的做法，吸纳部分优秀的校外职业人士或专家加入大学英语教师队伍，这必将给大学英语课程内涵建设带来新鲜血液。数十年前的《外语教育七年规划纲要》曾经提出："各外事、科学研究和其他部门的外语干部，凡能胜任高等学校外语教学工作的，应该根据本岗位工作的实际可能，经学校聘请和所在单位领导批准，到高等学校兼任一些力所能及的课程。这样既可以解决高等外语院系所需的部分教师，同时也有利于这些干部业务水平的提高。"那么在数十年后的今天，外语人才流动的步子完全可以迈得更大一些。

在考虑大学英语师资队伍历史和现状的基础上，我们要充分意识到引进和培养并举的重要性。"流水不腐，户枢不蠹"也是对大学英语教师队伍建设的良好启示。合理的人才引进不仅有利于大学英语教师队伍的整体稳定，也有利于大学英语教师队伍的立体组合，这种优化的人才引进政策从根本上将会对大学英语课程改革、学生英语实际应用能力、高校国际化进程起到举足轻重的推动作用。

第二节 大学英语教师评价政策

只要是单位，只要存在发展问题，只要员工之间存在竞争关系，或者说只要存在资源分配问题，那么就必然涉及各层级、各层面的员工评价。按照百度百科的解释，员工评价或员工考核是指“公司或上级领导按照一定的标准，采用科学的方法，衡量与评定员工完成岗位职责任务的能力与效果的管理方法，其主要目的是为了让员工更好地工作，为公司服务”（http://baike.baidu.com/view/548331.htm）。好的评价政策将会激励员工更好地工作，而不合理的评价政策将会挫伤员工的积极性，产生消极作用。

百度百科对于员工评价的核心概念是“完成岗位职责任务的能力与效果”，那么大学英语教师的岗位职责任务应该是什么呢？综合看来，大学英语教师主要有两个岗位职责：一是完成大学英语课程规定的各项教学、辅导与考核任务，这是首要的职责。二是为了让教学更有深度、更有启发性，必须做好教学研究工作，其研究重心应该以解决课堂教学及学生学习管理中出现的难题为主，不鼓励科研和教学两层皮的现象（这与英语专业有很大差别）。也可以说，在这两个岗位职责中，前者是必要条件，后者是充分条件或者说是锦上添花的事。因此，对于大学英语教师的评价也要分清主次。

大学英语教师的教学评价应该包括三个方面：课前准备、课堂教学及课后辅导。

在课前准备阶段，教师不仅要常规备课，还要充实丰富知识点，精化 PPT，如果属于 MOOC 或翻转课堂，还要预先准备学生在课堂研讨时可能提及的各种问题并做好解答工作。传统的“堂上一分钟，堂下十年功”反映的是教师的日积月累和深厚功底。“堂上一分钟，堂前一刻钟”也许是对大学英语教师课前准备的最低要求。问题是，有的大学英语教师年年一本教材，课件不变，问题不变，作业不变，甚至只是在上课前临时抱佛脚地象征性浏览一下,然后就“底气十足”地走进课堂了。因此,对于教师课前的准备工作应该有一个详细的考核和评价标准。

在课堂教学阶段,教师应该针对不同的大学英语课型及教学目的采用不同的教学方法和教学策略,在兴趣激发、动机转换、活动安排、自主学习等各方面下足功夫,同时要充满教学热情,授课思路清晰,课堂管理松紧结合,师生关系融洽。现在的问题是,不少教师在课堂上蜻蜓点水,授课没有深度,传输较多,启发较少,研究型思辨则更是少而又少。有的从课本到课本,学生完全不用上课仅看课本都可以;有的则完全离开了课本,信口开河,一堂课上下来学生不知所云;有的则是得过且过,只要学生不造反即可,只见课上睡觉的、吃东西的、看杂书的、玩手机的、谈恋爱的应有尽有;有的课堂到课率50%不到,稀稀拉拉地一小群人,都简直成了小班化教学了,而教师竟然也能视而不见地按照自己的节奏支撑下去;等等。当然,这样的课堂只是少数,但是它会影响整个大学英语教学的形象,说是害群之马一点不过分。学校对于教师课堂教学的评价是整个教学评价的核心。

在课后辅导阶段,教师的工作似乎成了良心活。认真的教师会预留专门的答疑时间,晚上在家也会网上解答学生提出的各种学习问题,甚至还会兼顾其他班学生,他们课后投入的辅导答疑时间要远远超过45或50分钟的课堂教学。而那些做“甩手掌柜”的教师,一旦离开了课堂,那就两耳不闻校内事了,下了课夹起文件包一溜烟地逃得飞快,白天炒股、炒地产、办公司,晚上吃饭、打牌、唱歌,属于高校体系中的“阴阳人”。课后教师的投入问题成了管理部门难解的结。台湾云林科技大学教师课后辅导的安排也许能给我们一个启示(见图7-1)。学校对参与课后辅导的教师在课时、评优、考核等方面都有政策优惠。

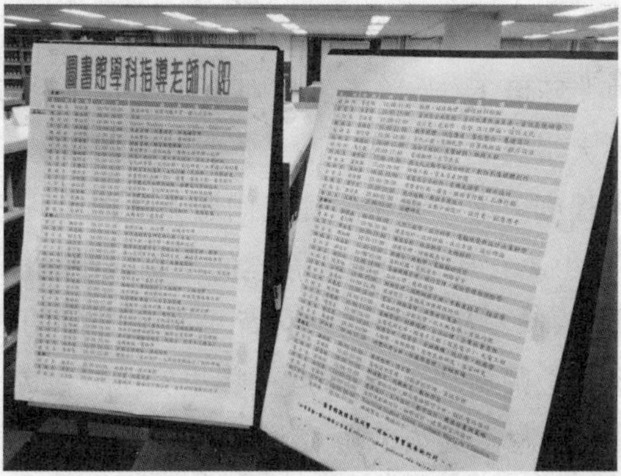

图7-1　课后辅导教师介绍

对于大学英语教师教学的评价,如果能从课前准备、课堂教学、课后辅导三个方面建立一套全面而操作性强的评价体系,则将会从根本上改善教学现状,提高教学质量,同时奖勤罚懒,形成教师教学评价的梯度,在很大程度上鼓励优秀教师从事基础教学。

但是,众所周知的问题是,现在各个高校由于各方面的原因,都没有形成特别行之有效的教学考核体系。有的很细,但不具备操作性;有的只是应付高校教学评估的摆设,纸上谈兵;有的则是象征性地惩罚近乎末位的问题教师,大部分情况下是法不责众。所有高校似乎更加看重的都是科研:科研项目、科研经费等,对教师评价的指标基本上都是科研导向的。甚至可以说是一俊遮百丑,只要科研做得好,教学再差,也能成为“大教授”“名教授”,时间一久,导向的作用就发挥到了极致。精品课程其实不再精品,卓越课程也不再卓越。教师成天飞来飞去,课堂难见身影,教授必上本科生课程的硬性规定只要通过AB角就可轻松化解。本科教学的中心地位很难得到落实。

在这种大环境下,大学英语教师也被裹进了科研的大潮,不管是不是大学英语教学需要,一个个埋头苦干,成天在琢磨那些在很大程度上虚无缥缈的理论问题。从理论到理论,从文献到文献,能够真正应用到课堂教学的比例很少。学以致用是对学生的希望,产学研合作是工科背景教师科研的最佳状态,那么大学英语教师科研的落脚点在哪里？所以经常会出现这样的现象:有的大学英语教师在讲科研选题和动态时头头是道,俨然成了这个领域的专家,但一旦到了课堂上则是另外一副嘴脸,甚至连学生的基本问题都解答不了。秦云就曾指出:“高深莫测的理论对英语教学的直接影响是微乎其微的。”(秦云,2011:69)这种自娱自乐式的科研对于大学英语教学来说,有没有存在的必要是个值得深思的问题。教师从事这些形而上、玄而又玄、阳春白雪的理论探讨背后的原因之一就是好发文章,而对于课堂教学的有价值的探讨很难入某些“主编”的法眼,似乎登不上大雅之堂,而恰恰是这些接地气的课堂教学研究才是作为基础课和技能课合二为一的大学英语课程教学所极需的。关于大学英语教师研究的方向和领域,曾玲明确建议:“应该更多地开展外语教育研究而不仅是外语研究,达到理论与实践的结合。这种来自一线教师的研究不仅能深化对自己课堂的理解,还能进一步为理论研究者提供素材。”(曾玲,

2012:38)

在谈及大学英语教师身份不明问题时,夏纪梅指出:“由于多方面的原因,大学英语无论是课程建设还是教师发展,都脱离了学科建设,这在高等院校里是很难体面地生存的。由此而产生的校本认同、学者认同以及学生认同问题接踵而至,不是被学术边缘化,就是被学科看不起。从事这门课程教学的教师始终有低人一等、无学科依托、学术身份不明、不知如何发展的问题。”(夏纪梅,2012:7)因此从国家层面上说,应该跳出传统学科的界限,给大学英语一个官方的学科认定,提供大学英语教师一个全新的学科发展空间。这种自上而下的政策引导对于大学英语教师的健康发展作用巨大。

当然,兵马未动,粮草可先行。在国家出台新的学科政策之前,自下而上的应对性措施至关重要。如何加强和优化对于教学研究探讨成果的评价,如何建立校本的教学研究评价的体系和机制,如何引导基础课教师将科研和教学真正有机地融合在一起,这是校方、教学主管部门及有关基础课学院必须深思,而且必须尽早拿出对策的根本性问题。这些问题的解决及解决的程度将直接影响大学英语教师对于教学的投入及他们对于教学研究的转向,从而从根本上避免大学英语教师资源浪费、精力浪费、成果浪费的现象。

教师评价政策是导向标,建立合理有效的大学英语教师评价体系迫在眉睫。

第三节 大学英语教师晋升政策

每次谈到大学英语教师职称晋升问题时,都会引发无数的感慨。

和其他学科或学院的教师一同进校参加教师资格培训和考试的大学英语教师数年甚至数十年后还是弱弱的讲师,而他们进校时的"同班同学"或许已经是副教授、教授甚至是博士生导师了,有的则可能转岗到这些"同班同学"的手下做普通的行政人员或行政秘书。

《存在》是摇滚歌手汪峰的代表作之一,其中这样描述道:"多少次荣耀却感觉屈辱,多少次狂喜却倍受痛楚,多少次幸福却心如刀绞,多少次灿烂却失魂落魄,谁知道我们该去向何处?"大学英语教师也正处在这样的生存状态。大学英语教学改革如火如荼地进行了10年,众多高校在国家/省级精品课程、国家/省级实验教学示范中心、国家级/省级教学成果奖、国家级/省级教学名师等方面取得了重大成就和重要突破,大学英语作为一门课程的地位可以说是风光无限,风景这边独好。但是,在这些成果、成绩和成就的背后是默默无闻、始终处于飘摇不定之中的大学英语一线教师。

在早期,大学英语教师的教学工作量很大,少则每周12节

（教育部高等学校大学外语教学指导委员会英语组曾在 2008 年夏进行过一次全国范围的大学英语教师与教学情况问卷调查。数据显示，我国大学英语教师周工作量达 14 课时以上的学校占实际取样的 225 所高校的近三分之一），多的要超过每周 18 节。随着自主上机学习理念的推开及各高校削减大学英语学分和课时的趋势，大学英语一线教师的课堂教学量似乎有所减少。即使这样，大学英语教师每周还是要承担 12 节课时左右的教学任务，而且基本上都是中班或大班化教学，此外还要负责自主上机学习的辅导等工作，而数字化技术及网上操作并没有减轻教师的负担，反而让教师陷入了第二轮的体力作战。大学英语教师几乎每天都要到学校上课，有的是三节课连上，有的则是两个班四节课，而且要充满激情地站着上课，无疑对体力的要求也是其他课程所无法比拟的。长期大负荷的教学工作（课前准备、课堂教学、课后辅导）消耗了大学英语教师大量的时间和精力，使得他们中的大部分人对于科研工作是有心无力。最尴尬的一点就是当他们课时特别多的时期，职称晋升的条件不是那么高，但是好多教师由于投入主要在教学上，所以没有抓住机会，等到课时稍微减少时，职称晋升的门槛已经高了好多，而且提高的幅度要远远大于教学工作量减少的幅度。每次职称晋升的条例修改，都是加法，没有减法，让很多教师觉得再怎么跳也够不着，干脆就放弃了。此外，由于年龄的增长、知识更新的速度较慢、职称晋升各项条件（核心刊物论文、教学科研获奖、科研经费等）的竞争性加剧等因素，绝大多数教师在名额有限的年度晋升中失去了竞争的能力和机会，这也给他们带来了职业发展的众多困惑、沮丧，甚至自暴自弃，这反过来影响了他们的教学积极性和工作主动性。

针对这一现实问题,高校人事、教务等部门应该实事求是地深入调研,出台切实可行的基础课教师分类管理办法及职称晋升办法,给大学英语教师留出更加激发潜能的个性化发展空间。

因为大学英语教师的主要岗位职责就是教学,因此在职称晋升条例中可以针对性地多设置一些教学评价和考核的条件,包括必要条件和充分条件,同时也可针对大学英语教师教学科研的迫切性和有效性,鼓励性地提出校本科研要求,促进教学和科研的高度衔接。对部分教学效果特别优秀、在省级以上教师讲课大赛或全国性“教学之星”公开课比赛中获得特别奖项的教师破格晋升,不要求全责备。此外,对课程建设、教材编写、课堂设计、软件开发、辅导答疑等教学相关工作做出特殊成绩的教师也可敞开晋升渠道,而不是鼓励“一亩三分田”的单打独斗的教学方式,这样大学英语教学的各项工作才能吸引更多具有各方面才能的教师积极参与。

当然,对于大学英语教师的职称晋升不是一味地降低标准,而是因地制宜地加以引导:可以将大学英语教师的工作量要求与专业教师相比提高一些;可以规定大学英语教师在职称晋升政策上只能照顾到副教授评审,而如果教师要申报教授职称,就必须符合专业教师的申报条件;可以将教学与科研打通,科研要求未满足的可以用教学条件的增量折算;可以实行教学和科研积分制,满足一定的总分值要求即有资格晋升,即使是完全通过教学获得的总积分;等等。不管如何,都要将教学放在一个突出的中心地位,鼓励大学英语教师全身心或至少大部分精力投入基础的课堂教学，真正将大学英语建成学生喜爱、学生受益、教师满足、学校放心的一门全校公共基础课。

除了正常的助教、讲师、副教授、教授职称晋升序列外，为了解决大学英语教师高级职称的晋升愿望，同时也不会大幅度降低副教授的评审标准，可以参照国外一些历史悠久的著名大学保留高级讲师职称的传统，在有条件的高校增加高级讲师职称序列。高级讲师的任职资格可以如下："具有大学本科毕业以上学历，担任讲师职务五年以上，能联系实际进行比较深入的研究工作（包括主编质量较高的教材等）……能指导提高讲师的业务水平；能熟练地担任一门或两门以上课程的讲授和全部教学工作，教学工作经验丰富，教学质量高，能起到学科带头人的作用。"（http://baike.baidu.com/view/9399029.htm? fr = aladdin）

高级讲师与讲师最大的区别是：后者是中级职称，而前者与副教授职称一样，属于高级职称序列。高级讲师与传统意义上的副教授相比，后者更多强调的是科研，而前者更加突出的是教学水平及对于年轻讲师的指导能力。为了保证职称晋升条例的严肃性，高级讲师的设置应该仅局限于公共基础课学院或公共基础课教师，如大学英语、大学数学、大学物理等。高级讲师的评审应以教学业绩为主，而不要沦为论资排辈的工具。

大学英语教师职称晋升政策的针对性调整及高级讲师的增设应该会受到大学英语一线教师的普遍欢迎。大学英语教师要抓住所在高校重视大学英语教学及职称晋升条例调整的机会，尽最大可能去满足各种评审条件，在职业发展道路上迈上一个新的台阶。

第四节 大学英语教师进修政策

这里的大学英语教师进修是广义上的,包括进修、培训、学历提升等。

王守仁指出:“大学英语教学第一线的教师是改革方案的具体实施者,改革的理念要通过教师这一关键环节来应用于教学实际。大学英语改革成效大小,教学质量能否提高,在很大程度上取决于教师的工作。因此,必须重视大学英语师资队伍建设,做好教师的培训工作。”(王守仁,2006:59)

大学英语教师由于平时教学任务重,很难像有些专业教师那样经常有机会外出进修(短期的或长期的),导致知识储备不足,技能下降,竞争力减弱,职业发展路径受限。为了解决大学英语教师的长远发展问题,教育主管部门、学校或学院必须想尽办法为大学英语教师提供更多的进修培训的机会。

胡学文、吴凌云、庄红指出:“由于历史的原因,大学英语教师目前未必能够真正开出高质量的专门用途英语拓展课。师资队伍的建设和培养是解决这一问题的关键。为此,高校应加大大学英语师资的培养力度,有计划、成批次、有目的地选派英语教师出国进修或者赴国内高水平大学进行新开课培训。这项工作应由教育部牵头组织实施。”(胡学文、吴凌云、庄红,

2013:99)

陈秀娟、林永成也指出:“应当设立双语教学师资培训专项基金，对英语教师进行其他学科专业知识培训，分批选派教师到培训基地或国外高等院校实行封闭式学习。大学英语教师应当选择适合自己的专业方向，采取自学和进修的形式，加强专业知识的学习和巩固。可以采用集中与分散的方式，请外籍教师与培训本校教师相结合等方式进行专业课的学习，以期成功地转型。”(陈秀娟、林永成,2008:204)

当然,他们这里主要是针对 ESP 课程提出的。其实,这样的出国或国内高水平大学进修不仅仅局限于 ESP 课程,而适合大学英语课程体系中的所有子课程。

教育部、各省教育主管部门及各高校在本科教学质量工程方面投入了大量的经费,这些经费极大地改善了办学条件,特别是硬件条件。在很多高校,大学英语自主学习中心、语言实验室、同传教室、微格教室等应有尽有,在规模和品种上要远远超过国外的很多高校。这种投入的背后一方面反映了对于大学英语教学的重视,另一方面也反映了主管部门投入的指向性:物化和可视性。硬件是实实在在的可以肉眼看得到的,在一定程度上也是“形象工程”“面子工程”。在全国范围的大学英语教学改革浪潮中,对于硬件的投入要远远大于对于软性因素的投入,而后者就包括对大学英语师资的培训和进修。

当然,有好多高校也意识到了大学英语教师培训进修的重要性,其中最为普遍的做法就是海外培训。有的高校大学英语教师已经全部轮训完毕,有的则刚刚开始,为期短的 4 个星期,长的 3 个月或半年,主要学习教学法、跨文化交际及听、说、读、写课堂教学等。欧美等著名高校也为这股培训潮设置了针对性的培训课程,并配备了合理的二语教学的师资,一方面提升了受训人的教学和文化素养,另一方面提高了他们的语言听说能力。此外,在中西教学法思辨中,受训人也完成了理论升华。

在海外培训过程中,要注意借培训之名行旅游之实,这也是公款旅游的一种变相手段。因此,在公派出前,学校人事处、国交处、教务处、外国语学院等部门一定要协商,共同确定培训内容及考核方式,并将有关要求明确地告知培训方,严格考勤,严格考核,确保培训到位,严禁任何形式的公款消费。同时,要给每个培训团配备监督协调员,负责行政管理,确保培训效果。

图 7-2　校园一角

除了海外培训之外,也可以充分利用国内著名高校或大学英语教学改革示范点,以团队形式到对方听课、研讨、挂职,这样的国内培训具有很强的针对性和实用性。如果需要的话,可以以学期为单位,这样就可以观察和认知一门课的完整流程,避免走马观花,只见树叶不见森林。

除常规海内外培训进修外,还应该考虑大学英语教师长远的职业发展问题,支持他们在学历学位上有所提升。学校可以通过组织形式联系具有博士培养资格并且在教学法、二语习得研究等领域有独到建树的学校集中培养高层次大学英语教师群体。如果因为教学任务重导致教师无法脱产学习的话,也可以以博士课程班的形式异地办学,通过寒暑假集中授课、周末短期授课的方式完成课程学习,然后按照培养单位的资格审查条件完成学位论文的撰写和答辩。这种博士课程班只要管理到位,严格要求,就可以培养一大批本无提升机会的教学科研骨干。这其中有些博士论文能很好地联系实际,是没有教学经验的人很难构思的。

这里存在一个有争议的问题,那就是要不要鼓励大学英语教师攻读其他专业的博士学位。攻读其他专业的博士学位有几个好处:一是博士招生名额要比英语专业要多,考取的希望更大一些;二是可以丰富跨学科背景,拓展知识面;三是可以结识不同学科的专家,增加人际交往的范围。但是,对于有些教师而言,现实的压力丝毫没有减轻。郝彩虹在研究职后学历学习与专业认同变化时就曾举了一个名为 Wendy 的案例:"她在获得(艺术类)博士学位后,虽然觉得生活轻松了许多,但在工作单位并'没有觉得更有底气和安全感'。她在博士专业方向的成果、能力和素质得到该领域的充分认可和尊重,但因为这些成果在工作单位的晋升和考核中不被认可,她不得不'经常拒绝'如艺术类核心期刊的约稿等很好的机会,以便腾出时间'弥补'因 3 年读博而落下的文学研究,所以她'反而觉得很紧迫、很狂躁'。"(郝彩虹,2010:89)结合其他类似的案例,郝彩虹得出结论:"攻读语言学和文学学位的教师,其学术身份合法性相对而言更容易得到所在工作单位制度、政策、同行的认可,所以这类教师的削减性认同和分裂性认同变化相对较少。而攻读非语言学、非文学学位的教师,因其学术合法性得到所在工作单位制度、政策、同行认可的过程不仅艰难而且漫长,所以这类教师的削减性认同和分裂性认同变化在某一阶段会相对较多。"(郝彩虹,2010:90)因此,从根本上看,"外语教学的学科属性问题已经成为影响大学英语教师专业认同及专业发展的最重要外部因素。大学英语的学科属性得不到认可,直接否认了大学英语教师队伍的专业化建设。目前来看,身份与生存的'合法性'问题已经成为困扰攻读非本专业博士学位的英语教师职业生涯发展的重要问题,大大削弱了教师对专业身份的认同及其所从事工作意义的认可"(郝彩虹,2010:90)。这个问题解决得好不好将直接影响大学英语教师提升学历的积极性的高低,也将从根本上影响大学英语 EGE、ESP 师资队伍建设的长远性和稳定性。

校内进修也是值得关注的。现在很多外语学院都有硕士点或博士点,其中的很多课程都是前沿的。对于相当一部分教师而言,数年前或数十年前接受的知识已经跟不上现代教学的步伐和学生的需要。这些教师完全可以当一回自己同事的学生,和他们的研究生一起上课、做作业、参加研讨,这比参加一些为了讲座而举行的讲座要有效得多。对某些大学英语教师来讲,甚至英语专业本科生高年级的专业知识课程也值得跟班上一上,毕竟现在课程的难度和广度要比 20 年前拓展了许多。

对于教师的各种进修行为,学校应该从时间、经费等各方面予以支持,对列入进修计划的教师可以减免工作量、报销培训费，对于在进修期间成绩突出的教师可以颁发特别奖励。外语学院也应当设立专门的教师进修发展基金，来源可以是发展基金及部分奖酬金。尤其值得做的一件事是，通过大学英语教学改革，让学生真正获益，让学生的家长认识到大学英语教学的重要性，以及这门课对他们孩子未来发展的巨大帮助，然后会同学生处和团委挖掘一些校友资源，设立“大学英语教师教育发展”专项基金，用于支持大学英语教师的海内外进修，从而实现教师—学生—家长—教师—学生互助的良性发展轨道。此外，除了外语学院外，各其他学院也应该把大学英语教师看成是本学院教师队伍的重要组成部分，因为这些教师能帮助本学院学生在英语应用能力、跨文化交流意识、国际化视野等方面取得长足的进步。因此，这些学院的二级基金会也应该拨出一部分专款用于支持长期承担本学院大学英语教学并成绩突出的教师参加各种进修培训。

人是生产力，人是发动机，教师是高校最大的资源，大学英语教师是大学英语教学及各项改革的重中之重。大学英语教师的能力提升与否将直接决定大学英语今后的生存。大学英语教师的引进固然很重要，但是现有大学英语教师坚持不懈的进修培训也至关重要。

第五节 小 结

大学英语教师的引进、评价、晋升及进修等各方面政策的出台都需要管理者开阔视野,跨越羁绊,从战略的高度和长远的视角来审视和处理相关政策问题。在国际化、全球化趋势日益明朗的今天,大学生的英语应用能力、校园的国际化语言环境、国际留学生的在校规模、外籍教师的占比、国际会议的规模和层次等都将决定学校的国际化进程能走得多远。在学校的国际化进程中,大学英语教师是一股不可或缺的中坚力量,也是国际化人才培养的基石和保障。大学英语教师队伍的建设在整个学校教师队伍的建设中占据极其重要的地位。

图 7-3　校园一角

第八章

结束语

大学英语教学中一直强调“双主地位”:教师为主导,学生为主体,但人们总是关注学生的需求、学习的效果、考试的成绩,而对于起主导作用的教师却很少给予足够的关注。其他学院认为大学英语课程很简单,就是拿着录音机放放的课程,大学英语教师很轻松,又不要做科研;外语学院内部也认为,大学英语不是学院的根本,专业才是核心利益,而且大学英语教师课程单一,要求不高,学生挑战性不强,很好混日子,因此近年来经常出现英语专业教师期盼到大学英语部的情况;而大学英语教师深感“人言可畏”,但是又深处“围城”之中,彷徨、迷茫、挣扎者愈少,自弃者增多。

我们要认识到,现在的大学英语已经不再是20年前甚至10年前的大学英语了。大学英语课程体系愈发完善,学生的需求愈发多样化,大学英语教师的责任也愈发重大。既为了尊重大学英语教师的历史贡献,也是为了大学英语教师未来的健康发展,有必要对大学英语教师角色的历史嬗变进行梳理,了解现状,预测未来。古人云:“以铜为镜,可以正衣冠;以人为镜,可以明得失;以古为镜,可以知兴替。”正视大学英语教师队伍中出现的问题,有则改之,无则加勉。卞之琳《断章》中有这样的描写:“明月装饰了你的窗/你装饰了别人的梦。”这或许也是大学英语教师的写照。他们日夜辛勤地工作,经常挑灯夜战,而这更多都是为了装饰学生的梦,而他们却很少有机会做自己的梦。为了帮助学生做更好的梦,我们也应当帮助大学英语教师经常做些自己的美梦,自己的职业梦。

笔者从事英语专业、语言中心、大学英语教学管理多年，横向与纵向比较，对大学英语教师的生存及职业发展状况一直在做自己的思考，或梦或醒，但梦中和清醒时分总想为大学英语教师做点什么，以安慰和支持这个默默无闻、心地善良、不求回报的教师群体。有些表述不尽合理，乃是迷茫；有些表述稍显武断，乃是直感；有些表述过于理想，乃是希冀。

Robert Frost 在其名诗"Stopping by Woods on a Snowing Evening"中最后结尾道："Miles to go before I sleep."同样，对于大学英语教师的未来，也是"路漫漫其修远兮"。让我们携起手来，"上下而求索"，为了大学英语教师美好的明天而共同奋斗！

参考文献

1. Bassnett, Susan. *Translation Studies*[M]. 上海:上海外语教育出版社,2004.

2. Crystal, D. *English as a Global Language*[M]. 北京:外语教学与研究出版社,2001.

3. Fairclough, Norman. *Language and Power*[M]. London and New York: Longman, 1989.

4. Hutchinson, T. & A. Waters. *English for Specific Purposes*[M]. Cambridge: Cambridge University Press, 1987.

5. Jordan, R. R. *English for Academic Purposes*[M]. Cambridge: Cambridge University Press, 1997.

6. 蔡基刚. 中国大学英语教学路在何方[M]. 上海:上海交通大学出版社,2012.

7. 岑建君. 大学英语教学改革应着眼于未来[J]. 外语界,1998 (4): 12—17.

8. 常俊跃.《高等学校英语专业英语教学大纲》实施效果的定性研究——用英语开设相关专业知识课程的影响分析

[J]. 外语与外语教学,2007(9):36—40.

9. 陈国崇. 新世纪大学英语教师面临的挑战与对策[J]. 外语界,2003(1):48—53.

10. 陈金平. 大数据时代的大学英语教师职业发展[J]. 当代外语研究,2014(4):35—38.

11. 陈秀娟,林永成. 从双语教学视角探究大学英语教师转型[J]. 科技信息,2008(18):203—204.

12. 陈启伟. 现代西方哲学论著选读[M]. 北京:北京大学出版社,1992.

13. 陈先达. 论马克思主义理论教员的专业与信仰[J]. 中国高校社会科学,2013(1):12—18.

14.《大学英语教学大纲》修订工作组. 大学英语教学大纲(修订本)[M]. 上海:上海外语教育出版社,1999.

15. 邓正君. 国际化视阈下我国大学英语教师职业发展探析[J]. 湖南社会科学,2013(1):293—295.

16. 付克. 中国外语教育史[M]. 上海:上海外语教育出版社,2004.

17. 胡学文,吴凌云,庄红. 大学英语社会需求调查分析报告[A]. 王守仁,王海啸. 大学外语教学改革研究[C]. 北京:高等教育出版社,2013.

18. 龚晓斌. 英语写作教学:优化的同伴反馈[J]. 国外外语教学,2007(3):47—51.

19. 龚晓斌. 客观需求观照下的大学英语教学目标定位[J]. 外语与外语教学,2009(8):35—38.

20. 高等学校外语专业教学指导委员会英语组. 高等学校

英语专业英语教学大纲[M]. 北京:外语教学与研究出版社,2000.

21. 顾莹. 浅论大学英语教师的自我发展[J]. 东南大学学报(哲学社会科学版),2010(12):172—174.

22. 郝彩虹. 大学英语教师职后学历学习与专业认同变化研究[J]. 外语界,2010(4):84—90,95.

23. 贺颖列. 学科地位对大学英语教师职业发展的影响[J]. 中国成人教育,2013(12):94—95.

24. 何其莘,黄源深,秦秀白,陈建平. 近三十年来我国高校英语专业教学回顾与展望[J]. 外语教学与研究,2008(6):427—432.

25. 胡文仲,孙有中. 突出学科特点,加强人文教育——试论当前英语专业教学改革[J]. 外语教学与研究,2006(5):243 — 247.

26. 胡壮麟. 对中国英语教育的若干思考[J]. 外语研究,2002 (3):2 —5,9.

27. 蒋玉梅,黄燕. 大学英语教师的职业发展现状及其影响因素分析[A]. 王守仁,王海啸. 大学外语教学改革研究[C]. 北京:高等教育出版社,2013.

28. 教育部高等教育司. 大学英语课程教学要求[M]. 北京:外语教学与研究出版社,2007.

29. 教育部高等教育司. 普通高等学校本科专业目录和专业介绍[M]. 北京:高等教育出版社,2012.

30. 赖铮. 大学英语教师发展需要突破的六大瓶颈[J]. 怀化学院学报,2010 (4):126 —128.

31. 梁德智,于殿举,刘小勇. 通识教育在外语类高等院校本科教育阶段的地位及其现状的调查研究[J]. 西安外国语大学学报,2004(1):80—84.

32. 林盛. EAP 教学——大学英语教师转型的机遇[J]. 长春理工大学学报,2010(12):103—104.

33. 罗娜. 制约我国 ESP 教学的主要因素及其对策[J]. 山东外语教学,2006(1):56—59.

34. 罗娜. 解决我国高校 ESP 师资匮乏问题的主要途径及其可行性分析[J]. 考试与评价(大学英语教研版),2013(2):38—43.

35. 彭静,刘幼昕. 论大学英语教师在大学英语教学改革中的发展[J]. 教师教育研究,2006(4):16—19.

36. 秦云. 大学英语教师专业发展的困境[J]. 四川教育学院学报,2011(1):67 —69.

37. 人民文学出版社编辑部. 导读[A]. 钱钟书. 围城[M]. 北京:人民文学出版社,2003.

38. 束定芳. 外语教学改革:问题与对策[M]. 上海:上海外语教育出版社,2004.

39. 孙有中. 英语教育与人文通识教育[C]. 北京:外语教学与研究出版社,2008.

40. 唐进. 大学英语教师的工作倦怠研究[J]. 山东外语教学,2011(5):56—61.

41. 王守仁. 继续推进和深化大学英语教学改革 全面提高教学质量[J]. 中国大学教学,2006(7):57—59.

42. 王守仁. 高校大学外语教育发展报告[M]. 上海:上海

外语教育出版社,2008.

43. 王守仁.关于高校大学英语教学的几点思考[J].外语教学理论与实践,2011(1):1—5.

44. 王守仁,王海啸.我国大学英语教学改革与现状调查[A].王守仁,王海啸.大学外语教学改革研究[C].北京:高等教育出版社,2013.

45. 王欣欣.如何对待"英语帝国主义"[N].环球日报,2005-05-04.

46. 夏纪梅.新时期大学英语教师发展的难点与出路[J].外语教学理论与实践,2012(2):6—8.

47. 辛广勤.论述大学英语教师在岗自我发展[J].国外外语教学,2006(3):18—23,60.

48. 徐行言.中西文化比较[M].北京:北京大学出版社,2004.

49. 杨绛.记钱钟书与《围城》[A].钱钟书.围城[M].北京:人民文学出版社,2003.

50. 余秋雨.文化苦旅[M].上海:东方出版中心,1992.

51. 曾玲.转型时期大学英语教师适应性研究[J].中国大学教学,2012(11):36—38.

52. 章振邦.谈我国外语教改问题[J].外国语,2003(4):1—6.

53. 张晶.大学英语教学师资队伍建设现状与问题分析[J].中国高等教育,2010(17):53—54.

54. 张凌.并列结构的修辞功能[J].语文学刊,2006(6):146—147.

55. 张汝伦. 我国人文教育的现状及出路[A]. 孙有中. 英语教育与人文通识教育[C]. 北京:外语教学与研究出版社,2008.

56. 张西平. 外语教育本质上是人文主义的教育[A]. 孙有中. 英语教育与人文通识教育[C]. 北京:外语教学与研究出版社,2008.

57. 张尧学. 加强实用性英语教学,提高大学生英语综合能力[J]. 中国高等教育,2002(8):3—5,8.

58. 张尧学. 抓住机遇,再接再厉,全面提高大学英语教学水平[J]. 外语界,2008(4):2—7.

59. 赵世开. 学习外语的漫长道路[J]. 外国语,2002(5):10—15.

60. 周荐. 并列结构内词语的顺序问题[J]. 天津师范大学学报,1986(5):87—91.

61. 祝平. 新《大纲》指导下的师范院校英语专业课程设置[J]. 山东外语教学,2001(2):75—76.